U0080512

放大鏡下的日本城市慢旅

東京

圖鑑

以圖解
淺顯易懂地
介紹日本的
名勝與文化

瑞昇文化

由空中俯瞰東京

株式會社GEO© 圖／黑澤達也

因多摩川、荒川、舊江戶川而分成許多區塊的東京都心地區。高樓大廈林立，鐵路與公路縱橫交錯，新舊交替非常迅速的日本心臟地帶。充滿江戶時代氛圍，繼續朝著未來邁進。

富士山

高尾山

奧多摩

東京都庁

明治神宮

新宿

澀谷站

國立新美術館

六本木新城

品川站

彩虹大橋

台場

多摩川

羽田機場

東京灣

東京名勝高度比較圖

日本數一數二的高樓建築櫛次鱗比的聚集在東京。
歷史可往前追溯至明治23（1890）年的淺草、凌雲閣。
高樓大廈競相攀上高空，
日本最高樓層的大樓預計於2027年誕生，
東京的高樓層建築還在繼續進化中。

599m

高尾山

以豐富大自然與
往來都心的便利
交通而廣受歡迎
的名山。

11.7m

淺草寺雷門

淺草寺的正面大
門，別名風雷神
門，淺草寺地標。

182m

澀谷HIKARIE

建築物中設世界最
大規模音樂劇場，坐
落在澀谷車站東口的
商業設施。

200m

JP塔

舊東京中央郵局大
樓進行部分保存與
改建，建築物中設
有KITTE商業設施
的高樓層建築。

230m

澀谷站東棟
（預定於2020年完工

澀谷車站前即將
成的高樓層建築
屋頂上計畫全面
建展望設施。

126m

彩虹大橋

連結臨海副都心與
東京都心的橋樑，
橋上設有行人步
道，可步行過橋。

65m

國會議事堂

昭和11（1936）
年落成，當時日
本最高的國政中
心。

52m

凌雲閣
（1923年拆除）

明治23（1890）
年完成建設。曾
經名列日本第一
的高樓層建築。

634m

東京晴空塔

聳立在墨田區，世界最高自立式電波塔。天望回廊高450公尺。

390m

東京車站前大樓

（預定於2027年落成啟用）

預定建造在東京車站日本橋口前，落成後將成為名列日本第一的高樓層建築。

333m

東京鐵塔

昭和33（1958）年落成的電波塔。目前還繼續發送無限電波的高塔。

243m

東京都廳

坐落在新宿副都心的東京都本廳舍。設有距離地面202公尺高的免費展望室。

248m

中城塔

六本木的複合設施，聳立在東京中城的高樓層建築。

600m

500m

400m

300m

200m

100m

0m

東京地下迷宮

地上高樓層建築不斷的往上竄升，地下世界也不甘示弱得延伸更深更廣。
昭和2（1927）年，日本第一條地下鐵開通，往來行駛於淺草與上野之間路段。
目前已有13條路線的地下鐵於地下往來穿梭，形成一個極為錯綜複雜的交通網路系統。

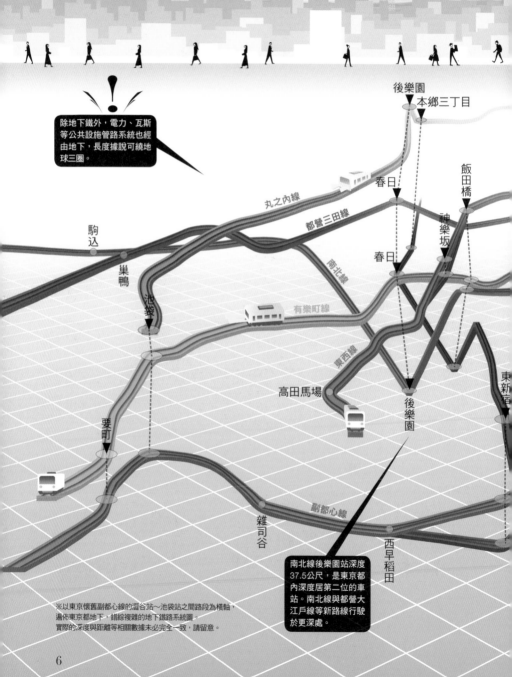

除地下鐵外，電力、瓦斯等公共設施管路系統也經由地下，長度據說可繞地球三圈。

後樂園
本鄉三丁目
飯田橋
春日
都營三田線
神樂坂
丸之內線
駒込
巢鴨
春日
南北線
池袋
有樂町線
東西線
高田馬場
東新宿
後樂園
要町
副都心線
雜司谷
西早稻田

南北線後樂園站深度37.5公尺，是東京都內深度居第二位的車站。南北線與都營大江戶線等新路線行駛於更深處。

※以東京懷舊副都心線的澀谷站〜池袋站之間路段為橫軸，遍佈東京都地下、錯綜複雜的地下鐵路系統圖。實際的深度與距離等相關數據未必完全一致，請留意。

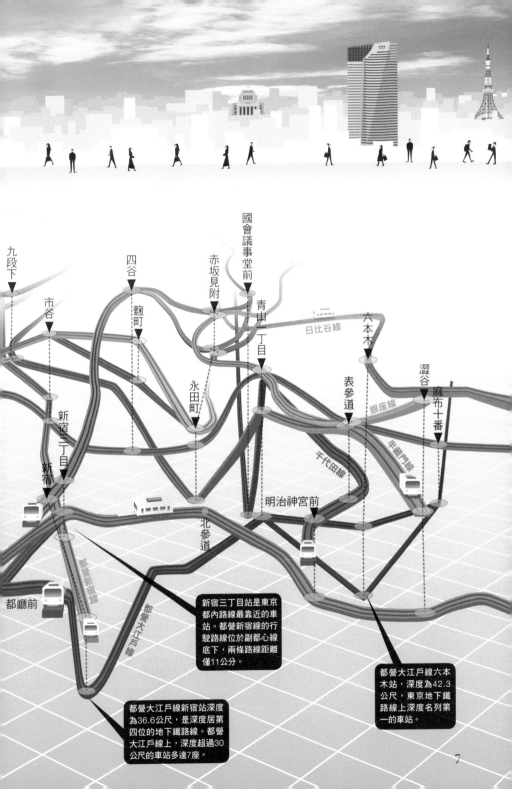

九段下

市谷

四谷

麴町

赤坂見附

國會議事堂前

青山一丁目

日比谷線

六本木

表參道

澀谷

麻布十番

銀座線

永田町

新宿三丁目

新宿

千代田線

半藏門線

明治神宮前

北參道

都營新宿線

都營大江戶線

都廳前

新宿三丁目站是東京都內路線最靠近的車站。都營新宿線的行駛路線位於副都心線底下，兩條路線距離僅11公分。

都營大江戶線六本木站，深度為42.3公尺，東京地下鐵路線上深度名列第一的車站。

都營大江戶線新宿站深度為36.6公尺，是深度居第四位的地下鐵路線。都營大江戶線上，深度超過30公尺的車站多達7座。

7

	P2	**由空中俯瞰東京**
東京視野	P4	**東京名勝高度比較圖**
	P6	**東京地下迷宮**

第1章 東京熱門景點

P12	**東京車站**	參觀紅磚造站體結構修復後的建築設計巧思！
P16	**皇居**	走訪歷史悠久的江戶城
P20	**國會議事堂**	覆蓋著神祕面紗的日本最知名建築！
P22	**東京晴空塔**	匯集日本技術的世界最高電波塔
P26	**東京鐵塔**	東京鐵塔具象徵意義又美麗迷人的祕密
P30	**東京都廳**	東京都內首屈一指高樓建築為日本風的設計寶庫
P32	**明治神宮**	坐落在大都市裡的人工森林
P36	**迎賓館赤坂離宮**	日式設計以西式建築手法完成的宮殿
P40	**舊岩崎宅邸**	明治時代上流社會的生活樣貌
P44	**六義園**	散發和歌意趣，深具江戶時代的代表性大名庭園
P46	**日比谷公園**	深受庶民喜愛的日本第一座近代化西式公園
P48	**東京大學本鄉校園**	與舊前田府邸毗鄰建造的哥德式校舍群
P52	**日本橋高島屋**	第一座被列為重要文化資產之百貨店建築的「增建」傑作！
P54	**都電荒川線**	東京的最後一條都電
P58	**羽田機場**（東京國際機場）	持續擴大規模的東京空中玄關
P62	**彩虹橋**	形狀獨特的雙層結構東京灣地標
P64	**隅田川**	促使江戶成功轉型為東京的橋樑群
P66	**高尾山**	蘊藏豐富多元生物的「奇蹟山林」
P68	**專欄** 東京建築為何能夠留下許多知名作品呢？	

放大鏡下的日本城市慢旅

東京圖鑑

Contents

第 **2** 章　東京的博物館＆水族館

P72　東京23區個性派博物館MAP

P74　**東京國立博物館**　　國寶大集合！日本第一座國立博物館

P78　**國立西洋美術館**　　日本國內僅有的一棟柯比意建築

P80　**岡本太郎紀念館**　　畫室與庭園都保持當初的樣貌！

P82　**日本民藝館**　　日常用品上發現的美麗元素

P84　**江戶東京博物館**　　透過模型體驗江戶時代的生活

P86　**國立科學博物館**　　氣勢磅礴可感受生物進化的展示

P88　**都市型水族館**　　以多采多姿的演出彌補佔地面積較狹小的缺憾
（陽光水族館・墨田水族館・AQUA PARK品川水族館）

P94　**專欄** 江戶子最引以為傲的「日本橋」今昔

第 **3** 章　東京文化

P96　**歌舞伎座＆歌舞伎**　　繼承傳統的建築與參觀歌舞伎的基本禮儀

P100　**兩國國技館＆大相撲**　　沉浸在江戶氛圍中欣賞激烈競技

P104　**新宿末廣亭＆江戶落語**　　在優雅建築物裡體驗詼諧逗趣的表演

P108　**專欄** 東京錢湯是日常生活中的非日常空間

第4章 東京的城市&故事

P110 **丸之內·銀座** 明治～平成年間的知名建築大集合

P116 **六本木** 日本與世界的藝術之旅

P120 **日本橋** 聚集江戶時代傳承至今的傑出老店

P124 **淺草** 以淺草觀音為核心的大眾文化町物語

P128 **澀谷** 繼續進化的最先進城市

P132 **秋葉原** 變化迅速令人目不暇給的次文化訊息傳送據點

P136 **表參道** 宛如現代建築的博物館

P138 **阿美橫町** 從黑市開始發展，歷史悠久的商店街

P140 **神樂坂** 花街氛圍依然濃厚的巷弄與街道

P142 **東京高架橋下** 懷舊又嶄新迷人的空間

P146 **專欄** 何謂最具東京米飯代表性的「江戶前」？

第5章 東京行事曆

P148 **東京的祭典**

P150 **三社祭**

P152 **酉市**

P154 **煙火大會**

P156 **東京音頭**

P157 **梯子乘**

P158 **東京map & index**

封面照片：東京車站、東京鐵塔
「東京名勝圖隅田川渡船圖」的一部分：
歌川廣重（國立國會圖書館典藏）

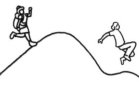

第 1 章

堪稱東京象徵的建築物、歷史性重要設施，至高尾山為止，想親自走訪一趟，
東京最值得一看的名勝古蹟相關介紹。

東京熱門景點

東京車站

參觀紅磚造站體結構修復後的建築設計巧思！

Tokyo Station

先前往中央玄關參觀站體結構

從正對著皇居，充滿象徵意義的建築結構即可看出，東京車站是為了日本皇室使用而建設。中央玄關隨處可見典雅的裝飾。

❶ 描繪柔美曲線的屋頂上鋪蓋銅板瓦。古色古香的裝飾是2012年修復工程中裝設。

❷ 貼在紅磚表面上的花崗岩裝飾也值得一看。當時建築部分的顏色明顯變得更暗沉典雅。

❸ 一樓至三樓的窗戶設計各不相同，富於變化的裝飾也值得好好地欣賞。

❹ 中央的三樓部分為東京車站飯店的套房區。窗戶正好面對著皇居。

❺ 繫腰帶似地加在紅磚表面上的花崗岩裝飾，是辰野最喜歡的設計風格，因此稱為「辰野式」風格。

❻ 中央的入口為皇室專用，不提供一般乘客使用。上下車門廊大量使用花崗岩。

❼ 希臘神殿等建築常見的多立克式廊柱。入口處以兩頭較細的廊柱為特徵。

❽ 皇室成員使用時才會開啟大門。門扇形狀宛如相撲行司手上拿的軍刀，是辰野金吾親自設計。

以紅磚造站體設計而聞名的東京車站丸之內站體建築，建築家辰野金吾與葛西萬司設計，於大正3（1941）年完成。當初稱「中央停車場」，顧名思義，是位於日本首都東京的玄關口，以象徵日俄戰爭時期國家富強，與列強並間作戰的日本而建設的車站。大正12（1923）年幾乎毫髮無傷地避過日本關東大地震，令

人遺憾的是，昭和20（1945）年第二次世界大戰期間，圓形屋頂與內部裝潢等設施遭到美軍空襲而燒毀。兩年後又拆除損傷嚴重的三樓，將圓形屋頂改建成八角屋頂。日本經濟成長期與泡沫時期，改建高樓建築計畫呼聲浮上檯面，後2003年被指定為重要文化資產，繼而於2012年啟動修復計畫，恢復為創建當時的樣貌。

大正3（1914）年，車站前還一片荒蕪，現今使用東京車站的人一天就高達38萬餘人。當時，一天大概只有9500人使用，行駛路線僅有四個系統，車站前的都營路面電車也只有一條路線行駛而顯得很蒼涼。

抬頭欣賞穹頂結構的內部裝潢吧！

站體設計上最值得欣賞的是位於南北側的穹頂結構的內部裝潢。南側穹頂結構是遭逢戰火摧殘後倖存部分善加利用而保存下來，前往參觀時千萬別錯過隨處可見，充滿「日本」風味的裝飾圖案。

穹頂結構正中央的裝飾，形狀酷似蒸氣火車頭的車輪。

大正年間的設計

事實上，東京車站的穹頂結構內部照片幾乎都沒有保存下來，這也是修復計畫窒礙難行的原因之一，就算保存下來也都是黑白照片，因此很難透過保留的資料等解析色彩，而分別重新塗裝。

平成時代的設計

下半部已改建成現代化樣式。黏貼不鏽鋼材的柱子上，刻著完成復舊年度的「2012」年字樣。

車輪狀裝飾周圍施以灰泥雕刻，圖案為鐵線蓮。鐵線蓮花語意思為「旅人的喜悅」。

2m

抓著稻穗展翅飛翔的鷲鷹裝飾長達2公尺，石膏打造，創建之初即設置，從鷲鷹勇猛姿態，就能感覺出日俄戰爭中，日本屢屢戰勝敵方的磅礡氣勢。

拱型結構中央施以豐臣秀吉的頭盔為構圖的拱心石。

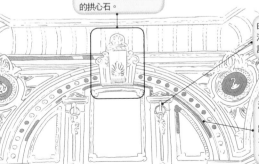

表示方位的干支裝飾。十二支並未全數列入，僅施以丑（東北）、寅（東北）、辰（東南）、巳（東南）、未（西南）、申（西南）、戌（西北）、亥（西北）。剩下的卯、酉、午、子（東、西、南、北）於辰野金吾設計的佐賀五熊溫泉設施裡發現。

由鏡與劍組合而成的浮雕。以古代劍為設計構想。

漆黑部分為昭和20（1945）年燒毀痕跡。大正3（1914）年當時的浮雕部分留用。

深入探究修復部分的祕密

東京車站建築為橫長形，長達335公尺的橫長形站體結構規模在日本也相當少見。建築史家藤森照信曾以「朝向皇居土俵入之姿」讚賞東京車站設計。

縱向並排的柱子頂端的柱頭，創建當時即設置。戰後重建之際，將三層樓建築改建為兩層樓建築時，曾拆下柱頭，刻意地加在二樓部分的柱子上。這次的修復計畫終於讓離開位置65年的柱頭回歸原來位置。

目前，深褐色銅板也隨著時間而轉變成更有深度、更耐人尋味的青綠色。

東京車站出入口原本為單向通行，目前北側為下車專用，南側為乘車專用。

修建部分
保存部分

北側出入口

中央出入口。規模較小，設置在皇室專用出入口旁。戰後才追加，創建當時並未規劃。

中央玄關

永遠消失的戰後重建東京車站

昭和22（1947）年重建為八角屋頂與兩層樓建築的東京車站。
當初應該是想維持4～5年的緊急應變措施，沒想到繼續存在了65年之久，
對於當時樣貌懷念不已的人想必也不少，儘管戰後物資極度缺乏，還是堅持高品質施工，
設計方面的考量也相當周全，辰野的設計實在令人敬佩不已。

二樓與三樓的交界處，紅磚顏色呈現明顯差異，可清楚看出創建與修建的部分。

屋頂鋪蓋石材切割而成的薄片狀石板瓦。修建時大部分重新鋪蓋，換成義大利生產的石板瓦，南北側穹頂結構與中央部分等處，回收利用修建前鋪蓋在屋頂上的宮城縣產石板瓦。

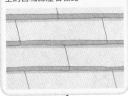

南側出入口往有樂町方面延伸的大片牆面狀似日本和服衣袖。牆壁盡頭的屋頂上也蓋著造型可愛的穹頂，是伊斯蘭建築常見的洋蔥型，屋頂部分連續設置平面窗等，可看到站體結構上最有特色的設計。

將紅磚與紅磚之間的縫隙，處理成中央高高隆起的魚板狀，運用的是日本俗稱「覆輪目地」，可提昇紅磚存在感的高度填縫技術。

南側出入口

東京車站大飯店的入口大廳。略微移動過位置，但是創建當時大致上就在這個位置。

於變更設計而更重視機能性的現代化遮陽設施下，重現創建當時歐洲各國流行的法國新藝術風格，可欣賞到融合創建當時與現代化等種種設計的巧思。

Data

東京車站丸之內站體建築

電話／03-3212-2485（東京站畫廊）
地址／千代田區丸之內1-9-1　交通／JR東京站共構
時間／自由參觀　休假日／無

15

走訪歷史悠久的江戶城

The Imperial Palace

皇居

依然保有江戶城時代樣貌的皇居內景點

御所、宮殿、宮內廳等建築所在地的吹上御苑，位於江戶城的西丸與吹上一帶，皇居東御苑為江戶城中樞，配置著本丸、二丸、三丸等。建議邊對照古地圖，邊走訪依然保有江戶城時期樣貌，深具歷史意涵的重要設施。

半藏門
因服部半藏負責守護此門而得名。位於搦手門（後門）一帶，緊急狀況發生時供將軍脫身的出口。

櫻田門
安政7（1860）年3月3日，大老※1井伊直弼登城途中遭水戶薩摩浪人殺害（櫻田門外之變）。

天守台（本丸）
天守分別於第一代將軍德川家康，第二代秀忠，第三代家光時期建造，家光時期建築的天守燒毀後並未重建。

平川門
大奧女中（女官）通行的門戶，死者與犯人也經由此門遣送出宮。在殿中引發殺戮事件的淺野內匠頭※3也是由此門遣離。

富士見櫓※2
位於舊本丸東南方角落上的三重櫓，明曆3（1657）年天守遭大火燒毀後取代天守。

※1 大老：幕府時期非固定編制的最高職位，負責統括政務，參與重要政策之擬定。　※2 櫓：守禦城池的望樓
※3 淺野內匠頭：淺野長矩，江戶時代前期至中期的大名。播磨赤穗藩的第3代藩主，官位從五位下、內匠頭，因此依官名稱為淺野內匠頭。

皇居曾為德川家康居城，亦即江戶城，但是江戶城並不等於皇居。皇居是江戶城範圍擴大後，由外堀（外護城河）環繞下的外廓，與內堀（內護城河）環繞下的內廓構成。外廓相當於目前的整個千代田地區，「江戶」係指江戶城外廓的裡側。內廓並設本丸、二丸、三丸、西丸、北丸等城內中樞的曲輪[※1]，內堀重點

設置具堅強防禦力的城門。邁入明治時期後，內廓已然呈現目前的皇居樣貌，以堀（護城河）、石垣（石牆）、土壘[※2]為首的部分櫓與城門，一直保存著江戶時代樣貌至今，是最具日本威容，最能夠緬懷江戶城樣貌的設施。皇居東御苑平時就能入內參觀，吹上御苑經由事前或當日申請即可參觀。

從古地圖看外堀的內部情形

嘉永2（1849）年左右的江戶城繪圖。內、外堀之間大名屋敷林立而被稱為「大名小路」。「御城」部分就是目前的皇居東御苑，「西御丸」部分則是目前的吹上御苑。西御丸南側部分為素稱西丸下的曲輪，亦即目前的皇居外院。

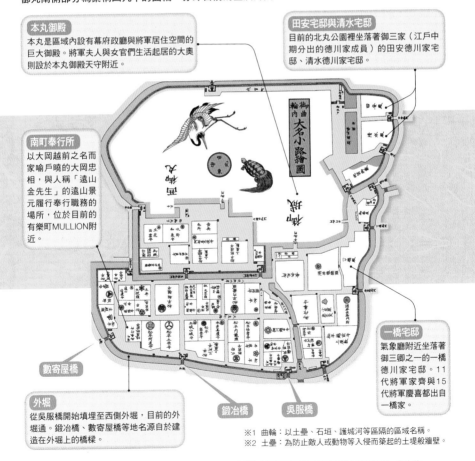

本丸御殿
本丸是區域內設有幕府政廳與將軍住空間的巨大御殿。將軍夫人與女官們生活起居的大奧則設於本丸御殿天守閣附近。

田安宅邸與清水宅邸
目前的北丸公園裡坐落著御三家（江戶中期分出的德川家成員）的田安德川家宅邸、清水德川家宅邸。

南町奉行所
以大岡越前之名而家喻戶曉的大岡忠相，與人稱「遠山金先生」的遠山景元履行奉行職務的場所，位於目前的有樂町MULLION附近。

一橋宅邸
氣象廳附近坐落著御三卿之一的一橋德川家宅邸。11代將軍家齊與15代將軍慶喜都出自一橋家。

數寄屋橋

外堀
從吳服橋開始填埋至西側外堀，目前的外堀通。鍛冶橋、數寄屋橋等地名源自於建造在外堀上的橋樑。

鍛冶橋

吳服橋

※1 曲輪：以土壘、石垣、護城河等區隔的區域名稱。
※2 土壘：為防止敵人或動物等入侵而築起的土堤般牆壁。

了解皇居東御苑歷史

皇居東御苑曾為江戶城中樞，配置著本丸、二丸、三丸，後來配合皇居的宮殿營造而整建為宮殿附屬庭園，昭和43（1968）年開園，可經由大手門、平川門、北桔橋門進出。一起沿著江戶時代大名進城路線，由大手門進入，朝著本丸方向參觀吧！

推薦參觀路線

大手門
↓
三丸尚藏館
↓
同心番所（大手三門）
↓
百人番所
↓
大番所（中門）
↓
天守台（本丸）
↓
白鳥濠
↓
二丸庭園
↓
平川門

大手門

大手一詞意思為城的正面，大手門相當於正門。因此，大手門都必須兼具威嚴與防禦力，打造得很堅固。當時的大名應該是誠惶誠恐地經由此門登城進入江戶城吧！

可徹底殲滅敵人的「枡型虎口」

虎口意思為城的出入口。虎口是守護城池，抵擋敵人攻堅的最重要設施。枡型虎口是可誘敵進入方形空間（枡型）後，從四面八方殲滅敵人的最堅強堡壘。

終於挺進枡型區域後，敵人還必須經由建造成直角的地帶才能通往櫓門。遲疑之間已經遭到來自正面與側面的鐵砲或射箭攻擊，成為無處竄逃的囊中鼠。

前往正面的高麗門時，必須經由狹窄通道，渡過護城河，面對槍林彈雨的正面攻擊。其次，高麗門入口狹窄無比，敵人無法蜂擁而上發動攻擊。

百人番所

全長超過50公尺的長形大建築物。100人的同心[1]，再加上俗稱鐵砲百人組的根來組、伊賀組、甲賀組、二五騎組的4組與力[2]，輪班執勤以維護城池安全。4組分別配置20人，因此，同心加上與力，隨時都有120人護衛著城池。

大樑的鬼瓦[3]與軒丸瓦[4]象徵權威，因此都加上德川家康的葵紋家徽。

使用表面有三個巴紋[5]的簷瓦（瓦當）。巴紋為表現水漩渦形狀的圖案，具趨吉避凶及防火意涵而成為燒製瓦片常用圖案。

※1 同心：江戶幕府時期的最低階武士或官束。
※2 與力：江戶時代的中下層武士的稱呼，亦寫作寄騎。
※3 鬼瓦：日式建築中加在大樑尾端的裝飾瓦片。
※4 軒丸瓦：施作在屋簷尾端，兼具保護與裝飾作用的圓形瓦片。
※5 巴紋：勾玉形狀的日本傳統圖案。是表現水漩渦形狀，具趨吉避凶、防火意涵的圖案。

大番所

矗立在中門舊址內的右側。守護中門的番所（執勤守衛設施），建造規格高於一般番所，建築物也風格獨特。由大番所前往本丸需經由一到緩坡道，坡道延伸至中朱雀門舊址。

番所功能 當時的番所相當於現在的檢查哨。大手門至將軍居所本丸的途徑上設有3處番所，經過番所必須再次地確認身分。

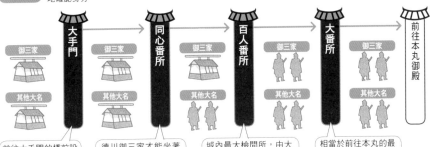

前往大手門的橋前設有下馬所，大名以下侍從到此必須下馬或下駕籠（轎）。

德川御三家才能坐著駕籠經過此番所。其他大名到此必須下駕籠接受盤查。

城內最大檢問所，由大批同心和與力24小時輪班守護。所有大名必須由此番所徒步前往本丸。

相當於前往本丸的最後一處檢問所，必須接受最嚴格的盤查。特別優秀的同心和與力才會派駐此處。

Check! 展現身分地位的石垣

石垣（石牆）砌法因建築時代而不同。其次，相較於其他設施的石牆，城門與天守台的石牆更壯觀，表面加工處理（化妝）更周到，以展現權威與身分地位。

白鳥濠的石牆
德川家康時代的石垣。石材經過加工處理後，相較於使用天然石材，大幅增加石牆接合面的「打入接※1」砌牆法。

大手門的石牆
採用「切入接※2」砌牆法，組合各種形狀的石材，避免石塊之間形成空隙，重視外觀的砌牆法。

中門的石牆
使用城內最大級石材以展示權威。石塊與石塊的接縫處呈一直線，稱為「布積※3」的砌牆法。

天守台的石牆
統一使用御影石（花崗岩），採用布積砌牆法的牆面。以鑿子仔細地處理表面。城內最氣派的石牆。

一般民眾的參觀方式

透過事前申請或當天前往就能參觀皇居的吹上御苑。這就是「一般民眾參觀皇居的方式」。經由一般參觀路線可參觀到的建築物為窗明館（休息室）→元樞密院廳舍→富士見櫓→蓮池濠→富士見多間→宮內廳廳舍→宮殿東庭→宮殿→正門鐵橋（二重橋）→伏見櫓→山下通等。由石牆下仰望三重櫓的富士見櫓，夏季建議前往蓮池堀欣賞蓮花。

宮內廳管理部管理課參觀係 ☎03-5223-8071
http://sankan.kunaicho.go.jp

Data

皇居東御苑
電話／03-3213-1111（宮內廳代表號） 地址／千代田區千代田1-1 交通／東京懷舊線大手町站下車即可到達 門票／免費參觀 時間／9：00～17：00（最後入場時間為16：30。休園時間：依季節變動） 休園日／皇居東御苑參觀（不需申請）除週一、週五（天皇生日以外的「國定假日」開放。週一為國定假日時，隔日休園。過年期間參不定期休假）

※1 打入接砌牆法：將突出表面的石材稜角或不平整面敲平，以避免石材接合面產生空隙的砌牆法。
※2 切入接砌牆法：將石材切割處理得方方正正，以促使緊密貼合的砌牆法。
※3 布積砌牆法：石塊邊緣處理成可水平堆積狀態，接縫往水平方向呈一直線的砌牆法。

覆蓋著神祕面紗的日本最知名建築！

National Diet Building

國會議事堂

塔高65.45公尺。可整個裝入法隆寺五重塔的高度，落成時為日本最高建築。

矗立在高地上的「白色殿堂」

以中央的金字塔狀塔樓為中心，左右對稱的外觀。面對國會議事堂，右為參議院，左為眾議院的議場。石材與木料等建材都使用最高級日本國產品。

雕工精緻的兩隻展翅鳳凰。

以中央的高塔為界，右為參議院，左為眾議院的左右對稱設計。

二樓牆面鋪貼四周環繞瀨戶內海的廣島縣倉橋島生產的尾立石。

一樓鋪貼山口縣黑髮島生產的黑髮石。內部裝潢也使用由日本各地收集的石材。

狀似希臘神殿的壯觀廊柱。

天皇陛下蒞臨，或眾議院、參議院議員通常選舉後，當選議員第一次進入議事堂等狀況下才會開啟大門。門扇重約1.1噸，平常「不會開啟的門」。

　　大正9（1920）年動工興建，歷經17個年頭才完成，日本國政象徵的國會議事堂。恢弘外觀無人不知無人不曉，卻是施工者、設計者至今不明的謎樣建築。大正時代由建築家妻木賴黃領軍擬定計畫，後來因東京車站設計者辰野金吾橫加阻撓而以公開競圖方式處理。沒想到競圖最激烈的時候，妻木與辰野相繼去世，幸運被選中的是當時沒沒無聞的渡邊福三的設計案。昭和11（1936）年落成時，呈現在眾人面前的卻是與當選設計案截然不同，屋頂輪廓酷似金字塔結構的建築。

真正雀屏中選的設計案

渡邊福三設計的國會議事堂為中央建造穹頂結構的建築，完成的建築卻成為無國籍（身分不明）的設計。為何會出現這麼大的落差呢？原因至今不明。

建造過程歷盡波折的金字塔結構屋頂

國會議事堂設計議題，早在明治時代就議論紛紛，其中不乏倡議將屋頂建造成都城天守閣形狀的構想。建築史家鈴木博之倡導的是以「伊藤博文之墓」為設計概念的設計。針對競圖中脫穎而出的設計案進行大幅度設計變更的中心人物，據說是建築家武田五一的徒弟「吉武東里」。

屋頂形狀酷似神戶的伊藤博文銅像台座！

建築家武田五一於明治42（1909）年完成的台座。國會議事堂中央塔屋頂結構神似該設計，據推測採用該設計是對奠定日本議會政治基礎的伊藤博文充滿著緬懷之情。

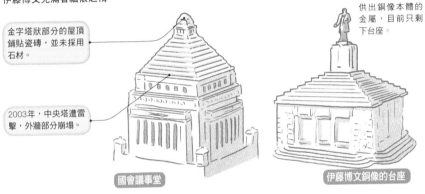

金字塔狀部分的屋頂鋪貼瓷磚，並未採用石材。

2003年，中央塔遭雷擊，外牆部分崩塌。

第2次世界大戰中供出銅像本體的金屬，目前只剩下台座。

國會議事堂

伊藤博文銅像的台座

中央塔內部也成謎

中央塔內部為建築中最壯麗的部分，但設置的銅像台座卻少了一個人份，這些部分也充滿著謎團。

二樓至六樓之間採挑高設計的中央大廳，高約33公尺。

昭和13（1938）年，為紀念大日本帝國憲法頒行50週年而製作，設立板垣退助、大隈重信、伊藤博文等人的銅像，但其中一人缺席。缺席原因眾說紛紜，其中一個說法是，未設立第四個人的銅像是象徵政治尚未完成。

透過鑲嵌在天花板與窗戶上的彩色玻璃引進自然光線，營造出莊嚴空間感。

油畫上描繪著日本四季風景。大藏省營繕管理局技士高橋健司郎率領相關人員繪製。

(Data) ⋯⋯⋯⋯⋯⋯⋯⋯⋯⋯⋯⋯

國會議事堂

電話／03-5521-7445（參議院警務部參觀係）　地址／千代田區永田町1-7-1　交通／東京懷舊線永田町站下車後步行3分鐘、東京懷舊線國會議事堂前站下車後步行6分鐘　時間／9：00～16：00整點即可參觀。　休假日／週六、週日、國定假日、過年期間。議會定期會、臨時會的開會期間。

匯集日本技術的世界最高電波塔

Tokyo skytree

東京晴空塔 ®

634公尺……塔頂部

634（讀作MUSASHI，讀音同「武藏」），源自於江戶時代該地區的舊國名武藏國。透過信號增益塔，傳送地面數位訊號電波等。

展望樓層的各種設施與裝置

450公尺……東京晴空塔天望迴廊

高度傲居日本全國第一的塔上展望台。可到達的最高點為451.2公尺，設有攝影點。

亦提供從450公尺樓層，拍攝445公尺樓層的攝影服務。

450樓層

445樓層

全面鑲裝玻璃，可經由坡道平緩的天望迴廊步行登上最高點。

可到達的最高點為451.2公尺，設有Sorakara Point，可享受拍攝紀念照樂趣。

世界最高塔的結構

先徹底地解剖東京晴空塔的內部結構。眾所矚目的地上450公尺與350公尺的兩處展望台，除享受眺望樂趣外，還設有多采多姿的設施。

350公尺……東京晴空塔天望甲板

分成350、345、340三個樓層，搭乘電梯即可到達。除眺望美景外，還可盡情享受美食、休閒、購物樂趣。

350公尺樓層

345公尺樓層

340公尺樓層

由四樓搭乘電梯即可到達

展示江戶時代繪畫大師鍬形蕙齋繪製的「江戶一目圖屏風」，屏風上描繪酷似在晴空塔上眺望的美景。

道地餐廳與官方禮品店齊聚的樓層

腳下設置2公尺 × 3公尺的玻璃地板。可在玻璃地板上拍攝紀念照。

高 634公尺，高度傲視全世界的自立式電波塔，已獲得金氏世界紀錄認證，聳立於東西約400公尺，建地面積約3.69公頃的東京晴空塔城內。晴空塔的主要功能為傳送與接收地面數位訊號電波等，以及擴大 ONE-SEG[1] 對應區域。晴空塔順利地成為世界第一的祕密就藏在塔體結構中。一起來看看能夠在有限的建地範圍內，支撐著龐大高塔結構的嶄新尖端技術吧！

※1 One-Seg：One Segment簡稱1seg或One seg，指可透過手機接收數位無線訊息的行動電視。正式名稱為行動電話移動體端導向的One Segment部分受信服務。

5樓……東京晴空塔出口樓層

由天望甲板搭電梯即可到達。亦開設官方禮品店。

4樓……東京晴空塔入口樓層

設有前往天望甲板的售票櫃檯與入口處。

實現世界第一的先進建設技術

提供／日建設計

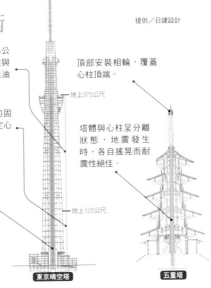

五重塔般心柱制震構造

設於建築物中央的鋼筋混凝土結構圓柱，與外圍鋼骨結構的塔體呈分離狀態。中央的心柱上部發揮重錘作用。結構如同日本傳統五重塔設計，設置在建築物中央的心柱。

地上125公尺至375公尺的可動區域，心柱與鋼骨結構塔體之間以油壓阻尼器連結。

地上125公尺以下的固定區域，以鋼材固定心柱與鋼骨結構塔體。

頂部安裝相輪，覆蓋心柱頂端。

地上375公尺

塔體與心柱呈分離狀態，地震發生時，各自搖晃而耐震性絕佳。

TOKYO-SKYTREE

地上125公尺

東京晴空塔　　**五重塔**

←心柱內部設有鋼骨結構的避難階梯，心柱亦具備樓梯間牆壁作用。

↑油壓阻尼器發揮緩衝作用，地震發生時，可減輕心柱與塔體結構彼此的搖晃程度。

深入地下50公尺的基樁

相對於高度，晴空塔的地基範圍較小，因此，採用的基樁格外強韌穩固。以3支腳與3面牆構成的巨大三角形結構覆蓋塔體中心部，整體結構猶如大樹根盤與地盤結合為一體。

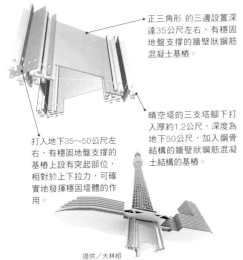

正三角形的三邊設置深達35公尺左右，有穩固地盤支撐的牆壁狀鋼筋混凝土基樁。

晴空塔的三支塔腳下打入厚約1.2公尺，深度為地下50公尺，加入鋼骨結構的牆壁狀鋼筋混凝土結構的基樁。

打入地下35～50公尺左右，有穩固地盤支撐的基樁上設有突起部位，相對於上下拉力，可確實地發揮穩固塔體的作用。

提供／大林組

以特別訂製的構材與獨特結構建造得更堅固

晴空塔係以直徑8公尺的心柱為中心，再配置鋼骨的內塔與中塔，以及使用高強度鋼管外塔，由四層結構所構成。採用「水平連結樓層」（以下斷面圖）時，4種桁架（以三角形為基本單位的架構）分別承擔任務的桁架結構。

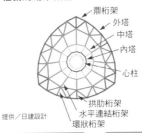

鼎桁架
外塔
中塔
內塔
心柱

拱肋桁架
水平連結桁架
環狀桁架

提供／日建設計

鼎桁架
由4支柱子與水平材、加固材構成的組件。由基座的三角形頂點位置開始延伸的鐵柱。

水平連結桁架
每2層25公尺，連結中塔與環狀桁架的柱子。兼具鼎桁架與外圍的補強剛性作用。

環型桁架
配置為每層12.5公尺的水平材。外圍具備補強柱體剛性的作用。

拱肋桁架
為了增強塔體強度而重點配置的補強材料。RIB意思為肋骨。

🖊 **MEMO**　4部電梯（天望穿梭）分別施以東京的春夏秋冬為主題的裝飾。
分別為春天的「櫻花的天空」、夏天的「隅田川的天空」、秋天的「祭典的天空」、冬天的「都鳥的天空」

23

融合傳統美與近未來設計

由三角形轉變成圓形

為了在相當有限的建築基地內穩固地架設高塔，塔基部分採用正三角形固定方式。希望展望台呈現360度全方位視野，朝著塔頂慢慢地轉變成圓形而構成非常獨特的形狀。

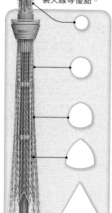

將塔上的高樓層部分設計成圓形，還具備方便安裝天線等優點。

採用圓形設計而使2處展望台都擁有360度的全方位視野。

距離地面約300公尺處即完全採用圓形設計。

塔基為每邊約68公尺的正三角形平面狀。三角形是能夠在這處建地上將邊長設計到最大限度的形狀。還成功地減輕鋼骨數。

©TOKYO-SKYTREE

電梯也是最大容量&日本國內最快速等級

前往展望台的電梯也是日本精心研發後製造。可搭載乘客至350公尺樓層的天望穿梭分速高達600公尺，50秒左右就能抵達天望甲板。晴空塔設置的是日本國內最高速的大容量類型電梯。

提供/東芝電梯

高輸出功率的捲揚機上採用安裝著永久磁鐵的大容量雙繞線式馬達。

高強度、高精密加工成形的軌道，可將搖晃程度控制在最低限度。

由十條直徑20公厘，全長約400公尺的高強度纜繩吊掛電梯廂體。

吊掛相當於電梯重量的平衡錘，以便廂體在最平穩狀態下運行。

凹弧與凸弧

晴空塔設計時，以三角形轉變成圓形的變化，孕育出日本刀與傳統日本建築等常見，兼具「凹弧」與「凸弧」的形狀。塔上同時存在兩種曲線，因此，欣賞角度不同，看到的輪廓就不一樣，整座塔充滿著張力與優美氛圍。

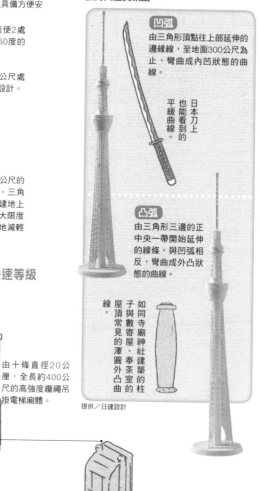

凹弧

由三角形頂點往上部延伸的邊緣線，至地面300公尺為止，彎曲成內凹狀態的曲線。

日本刀上也能看到的平緩曲線。

凸弧

由三角形三邊的正中央一帶開始延伸的線條，與凹弧相反，彎曲成外凸狀態的曲線。

如同寺廟神社建築的柱子與數寄屋、奉茶室的屋頂常見的渾圓外凸曲線。

提供/日建設計

為了降低超高速行駛時的風切聲，配合大容量廂體，使用超大型整風板而達到空氣整流作用。

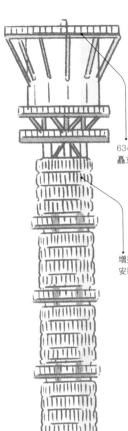

晴空塔的最頂端有哪些設施呢？

晴空塔的最頂端設有安裝廣播電視用天線設備的柱子，亦即增益塔。塔長約140公尺（看見的部分），塔上設有制震機械室。

634公尺的最高點矗立著避雷針。

距離地面約610公尺處規劃設置制震裝置，以降低增益塔搖晃程度的制震機械室。內部分為兩層，設置2部制震裝置。

增益塔周圍密密麻麻地安裝著廣播用天線。

設置在制震機械室其中一層的制震裝置（調諧質量阻尼器、TMD）。

TOKYO-SKYTREE

Data

東京晴空塔

電話／0570-55-0634（東京晴空塔客服中心）※9：00～20：00　地址／墨田區押上1-1-2　交通／東武晴空塔線東京晴空塔站・各線押上（晴空塔前）站共構　門票／天望甲板2,060日圓（指定日期時間券＋2,570日圓）。天望迴廊1,030日圓（現當天購買）。※以上為成人（18歲以上）票價。　時間／展望台8：00～22：00（最後入場時間21：00）　休假日／全年無休

顏 色 與 照 明 皆 採 用 日 本 傳 統 色

顏色設計採用「晴空塔白」，是以日本最傳統的藍白色（最淺的藍染顏色）為基底特別調配的藍色。照明設計為「粹」與「雅」兩種，「粹」是以隅田川的河水為設計概念的淺藍色，「雅」的主題顏色為江戶紫，兩種顏色的燈光輪流照射晴空塔。

©TOKYO-SKYTREE

略帶藍色的白色。

左／表現江戶精神的「粹」。

右／表現江戶審美意識的「雅」。

東京鐵塔具象徵意義又美麗迷人的祕密

Tokyo Tower

東京鐵塔

開放參觀約60年、持續進化的鐵塔

開放參觀至目前為止，鐵塔形狀微妙地持續進化著。該變化也深深地反映出時代背景。

333公尺
當初預定建築高度為380公尺，充分考量颱風與地震等影響後建造成此高度。

250公尺 特別展望台
建設時使用的作業台原地保留，昭和42（1967）年改建成展望台。天氣晴朗時，富士山一覽無遺。

150公尺 大展望台2樓
從塔下觀光城（Foot Town）1樓搭電梯即可到達。設有東京塔大神宮、展望解說板。

145公尺 大展望台1樓
由設置在地板上的腳下觀景窗往下看鐵塔，可俯瞰鋼骨與照明設備。

20公尺 塔下觀光城
地下1樓至地上5樓，廣泛設置遊樂設施與餐廳。前往大展望台必須由此處搭乘電梯。屋頂上設有直通大展望台的階梯。

1958年～1986年
塔體顏色為國際橘與白，兩種色調共分成11等份。

1967年～
特別展望台正式開放參觀。

↓

1986年～
由於日本航空法修正而將兩種色調改成七等份。紅色顯得更強烈。

1996年～
大展望台由國際橘改成白色。

↓

2002年～
為因應地上數位訊號傳送需求，特別展望台上設置直徑13公尺，高11公尺的圓筒形天線。

目前
東京晴空塔完成後，撤除傳送地上數位訊號的廣播天線與部分電視天線。圖中為目前的樣貌。

昭和33（1958）年完成至今，東京鐵塔已度過將近60年的漫長歲月，成為東京的名勝以及一直是東京人心靈寄託。落成啟用至2011年為止，東京鐵塔是一座肩負著傳送電視與廣播電波重責大任的綜合電波塔。直到東京晴空塔完成，高333公尺的東京鐵塔一直是傲視

日本的最高自立式電波塔。兩處展望台皆可眺望東京不夜城與遠眺富士山，天氣晴朗時甚至可看到房總半島。近年來，鐵塔外觀、顏色、照明的美麗程度都改變得更受矚目，令日本國內外觀光客無不深深著迷。東京鐵塔之美到底源自於何處呢？

精心計算後導引出的結構之美

東京鐵塔具備的並非設計美感，而是被尊稱為耐震構造之父的內藤多仲博士精心計算後，偶然間導引出來結構之美。

建築基地為正方形

正方形是可以蓋出最穩固建築物的基地形狀。描繪絕妙弧形結構的塔腳線條，可說完全是孕育自這個形狀。

80m

> 4支塔腳往外擴張至最大限度，再以地下的20支直徑5公分的鋼棒，固定於對角線上。

> 地上部分設置5個樓層的塔下觀光城，充分發揮配重塊作用。

> 1支塔腳使用8支基樁（1支腳可耐受重力約4000噸）。打入8公尺塔基下方的15公尺處，確實地支撐著整座鐵塔。

桁架構造超輕量的鐵塔

使用鋼鐵材料為4000噸，大約艾菲爾鐵塔一半，採用的是輕量設計，但每一支鋼材都能充分地發揮支撐鐵塔作用，由三角形組合而成的「桁架構造」。對於颱風與地震的耐受度也非常高。

> 特別展望台上方結構使用美軍戰車曾經使用過的特殊優良鋼材。

> 大展望台上方設置鋼骨，配置成不容易受到風吹影響V型。

> 大展望台下方將鋼骨配置成X型，以承載鐵塔本身重量與地震的力量，以防止塔身變形。

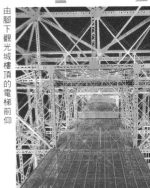

下層完全由專業人員以手工方式完成接合

大展望台以下樓層由279萬顆鉚釘（鐵製鉚釘）鎖定鋼骨。專業人員四人一組，一顆一顆地以手工方式打入鉚釘。

> 仔細觀察鋼骨結構，就能看到無數顆圓形顆粒狀物，那就是鉚釘。

> 觀察鋼骨就會發現其間出現空隙。該部分也施以桁架，除達到提昇耐風與搖晃的強度外，纖細美感也令人深深著迷。

由腳下觀光城樓頂的電梯前仰望鐵塔，近未來的風景總是令人看得入迷。

每5年重新塗裝一次以確保美麗外觀！

落成啟用以來，為了維護塔體，避免附著汙垢和生鏽，確保美麗外觀，東京鐵塔每五年重新塗裝一次。共分成4個施工流程，完全由專業人員以手工方式完成塗裝。

施工期間約10個月。由4500人以上專業人員進行，塗裝面積約94000平方公尺，使用塗料多達34000噸！

圖中使用不會干擾電波傳送的FRP材質管狀鷹架。2007年以前使用原木鷹架。

作業流程1
於塔體周圍設置鷹架以維護作業安全。

↓

作業流程2
進行俗稱「clean」作業以刮除舊塗裝，提昇塗料的持久性。

↓

作業流程3
利用刷具，分成三次，仔細地塗刷。

落成啟用後採用約30年的燈光照明。

Data

東京鐵塔

電話／03-3433-5111　地址／港區芝公園4-2-8　交通／都營大江戶線赤羽橋站下車後步行5分鐘　門票／大展望台900日圓，特別展望台700日圓　時間／9：00～23：00（最後入場時間22：30）　休假日／全年無休

1　打底
塗刷具防止劣化與維護美觀的灰色防鏽塗料。

2　中層塗刷
促使打底塗料與表層塗料緊密結合，以提升耐水性與持久性。

3　表層塗刷
防鏽、保護塔體、處理出美麗外裝。

耐震構造之父內藤多仲博士簡介

從留學美國時拿掉隔板而導致行李箱壞掉的經驗、船隻結構得到的啟示，以及悉心研究後成功地彙整出剪力牆結構計算理論，被尊稱為「塔博士」，除東京鐵塔外，還從事過名古屋電視塔、第二代通天閣等6座高塔相關設計。六座塔被稱為「六兄弟塔」，東京鐵塔相當於排行老五的五男。

| 長男 名古屋塔 | 次男 通天閣 | 三男 別府塔 | 四男 札幌電視塔 | 六男 博多港塔 |

週六、週日、國定假日的11：00～16：00還可經由階梯登上大展望台！　感受一下清新舒爽的風，由塔下觀光城樓頂，登上600階左右的室外階梯，即可獲得非賣品「諾朋認證的爬梯登塔認定證書」。

點亮照明後更加璀璨亮麗

當初照明僅照亮鐵塔輪廓，後來趁落成啟用三十週年，自1989年起開始展開燈光秀。一起來探究兩大燈光秀的祕密吧！

地標照明

180座投光器朝著塔體照射而照亮了整座鐵塔。配合冬季與夏季換裝，打上不同的燈光。

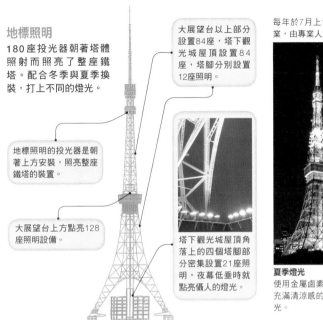

大展望台以上部分設置84座，塔下觀光城屋頂設置84座，塔腳分別設置12座照明。

地標照明的投光器是朝著上方安裝，照亮整座鐵塔的裝置。

大展望台上方點亮128座照明設備。

塔下觀光城屋頂角落上的四個塔腳部分密集設置21座照明，夜幕低垂時就點亮憧人的燈光。

每年於7月上旬與10月上旬進行2次更換作業，由專業人員以手動方式更換燈具。

夏季燈光
使用金屬鹵素燈泡，充滿清涼感的銀色燈光。

冬季燈光
使用高壓鈉氣燈，充滿溫暖感覺的橘色燈光。

鑽石面紗

為紀念鐵塔落成啟用50週年，於2008年展開的燈光秀，總燈數為276座，共有7種變化模式，基本上，限定於週六20：00～22：00點亮。

七種顏色各有傳遞涵義。

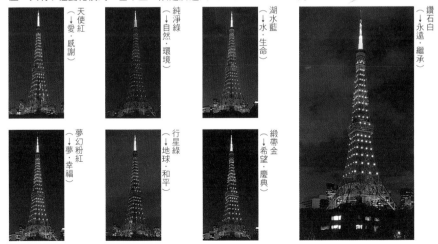

（天使紅
→愛・感謝）

（純淨綠
→自然・環境）

（湖水藍
→水・生命）

（鑽石白
→永遠・繼承）

（夢幻粉紅
→夢・幸福）

（行星綠
→地球・和平）

（緞帶金
→希望・慶典）

東京都內首屈一指高樓建築為日本風的設計寶庫

Tokyo Metropolitan Government Building

東京都廳

新穎前衛的高樓建築
表現日本傳統

建築物內、外施以讓人不由聯想起日本町家※
建築的格子窗、紙拉門、隔扇等傳統的創意
設計。丹下健三本人雖然否認，還是被視為
後現代建築的代表作之一。

※ 民宅形式之一，並設店鋪的都市型住宅。

塔頂部分

建築物中途扭轉45
度，因光線照射而呈
現出複雜表情。傍晚
時分陰影更鮮明，立
體感倍增。

町家風格的窗戶

縱長形窗戶，令人聯想起
日本傳統町家的格子窗設
計，引用大阪府的國家重
要文化資產吉村家宅邸設
計構想。改變石材顏色讓
建築看起來好像安裝窗
戶。

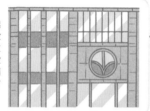

目前的東京都廳建築是因原坐落在有
樂町的第2代都廳建築空間太小不
敷使用，而決定遷移至新宿副都心，總工
程費高達1569億日圓，於1990年完
工。透過競圖後，和第2代一樣，建築家
丹下健三的設計案雀屏中選。第1座都廳
建築高約243公尺，落成當時為日本最
高的政府機構建築。以充
滿日式風格的設計為首，
豪華的規格曾被揶揄為
「泡沫塔」。南北側展望室
可免費進入參觀，已落實
為東京觀光名勝。

壁面石材

牆壁大量使用花崗岩，都
廳建築用量高達11萬平方
公尺，種類多達2000種。
外牆顏色較深部分的石材
為瑞典產，較淺部分為西
班牙產。

展望室
南北雙塔建築分別設置展望室。天氣晴朗時除可欣賞新宿高樓建築群外，富士山景也一覽無遺。

Check! 設計者堅持建造的尖塔

狀似法國巴黎聖母院，設有雙塔設計的建築。經由競圖後脫穎而出的是，幾乎所有的設計事務所都能輕易打造的高樓建築設計案，唯一差異是丹下提出，深具象徵意義的設計。雙塔案是丹下堅持，於帝國飯店便簽上手繪圖稿，圖稿上寫著「普遍性」、「象徵性」等關鍵字，具體地傳達設計構想的設計案。

巴黎的聖母院風采

融合新舊設計構想的空間

都廳建築內部天花板照明是以電腦積體電路為設計概念，牆面裝飾則是町家風格的設計風格。內部裝潢採用中國和義大利生產的大理石。

以積體電路類型表現尖端設計性

電梯的天花板也採用積體電路般設計。當時電腦才剛剛開始普及，設計表現出資訊化社會即將到來的時代背景。

Data
東京都廳
電話／03-5320-7890（展望室專用） 地址／新宿區西新宿2-8-1 交通／都營地下鐵都廳前站下車即到達、JR新宿站下車後步行10分鐘 門票／免費參觀 時間／展望室9：30～23：00（南展望室～17：30。最後入場時間17：00），可能因天候關係而暫不開放展望室 休假日／北展望室第2、4週日，南展望室第1、3週二（逢假日開放，隔日放假）。都廳安檢日。

坐落在大都市裡的人工森林

The Meiji Shrine

明治神宮

100年前不是森林！

植樹造林之前的明治神宮院區示意圖。當時，只有目前的社殿一帶與明治神宮御苑周邊有松樹林與雜木林等林地。從目前的自然林般茂密植生很難想像當初的景象。

（「明治神宮院區內原形圖」／資料提供·明治神宮）

※ 御料地：所有權隸屬於皇室的土地。

代代木御料地※（南豐島御料地），明治19（1886）年明治天皇曾蒞臨的地方，御苑的菖蒲田就是天皇特別為昭憲皇太后栽種。據說選定此闢建用地的決定性關鍵因素，就是希望設施位於東京都內交通便利的地方。

明治神宮為奉祀明治天皇與昭憲皇太后，於大正9（1920）年建造的神社。明治45（1912）年7月30日明治天皇駕崩，不久後，建築神社以奉祀明治天皇的議題就甚囂塵上。包括富士山、小石川植物園、陸軍戶山學校、茨城縣筑波山等，提出的奉厝地點就多達十幾處，最後決定與明治天皇、昭憲皇后淵源深厚的代代木御料地（東京府豐多摩郡代代幡大字代代木）。院區面積70公頃，闢建當時幾乎都是農地或草地，樹林部分只有整體的百分之二十。目前的蒼翠林院並不是自然林，那是大約100年前啟動計畫，以「永遠的森林」為重點目標，經過植樹造林而打造的人工森林。

明治神宮御苑為熊本藩加藤家的下屋敷所在地。御苑內的清正井據說是加藤清正挖掘。目前依然源源不絕地湧出清冽的泉水。

南參道上並排擺放葡萄酒桶。明治天皇引進西歐文化，享用西式餐點時喜歡喝葡萄酒。因此，法國勃根地的各大釀酒公司都會奉獻葡萄酒。

Data ·············
明治神宮
電話／03-3379-5511（社務所代表號）　地址／澀谷區代代木園町1-1　門票／明治神宮御苑·寶物殿需購票（各500日圓）　時間／配合日出與日落調整（12月31日整夜皆可參拜）　休假日／全年無休

1 至誠館
由弓道科、柔道科、劍道科、武道研修科等四科構成的綜合武道場。隨時可進場。

2 寶物殿
展示神宮內恭奉的神明相關文物，建築物已列入重要文化資產。週六、週日、國定假日開館。

3 本殿
曾遭戰火燒毀，昭和33（1958）年重建，採用「流造※1」建築樣式。

北池北岸附近的巨石，何時擺放並無定論，形狀像烏龜，不少人因此前來參觀。

拜殿內的柱子傷痕累累，那是初詣（年後第一次參拜）參拜者投擲賽錢（香油錢）命中柱子後留下的痕跡。

內院MAP

↑代代木站
北參道站→

北池

北參道

←參宮橋站

西參道

P

神宮會館

社務所

清正井

菖蒲田

4

5

6

N

南參道

原宿站

木造明神鳥居，日本最大規模的鳥居，高12公尺，兩柱間距9.1公尺，柱徑1.2公尺，笠木※2長17公尺，使用台灣產檜木。

4 參道最寬部分為10間（約18公尺）。各參道寬度分別為南參道8間，北參道6間，西參道4間。通往本殿的參道即將抵達時呈彎曲狀態的原因至今不明，應該是刻意地設計成讓人繞過彎道就能看到社殿的視覺效果。

5 隔雲亭
明治33（1900）年建造的御休所※3，昭和33（1958）年重建，目前為奉茶室。

6 神樂殿
內部設有許願者席位，160張榻榻米大的空間，最多可容納800位參拜者。

※1 流造：日本神社建築中本殿最普遍採用的建築形式，特色為正面屋頂向前方延伸，描畫出優美弧形曲線。
※2 笠木：又稱冠木，設置在鳥居最上方的橫木。
※3 御休所：天皇蒞臨時的休息處所。

在人工森林裡欣賞樹木

大正4（1915）年至9年，率先造林（植樹）完成林苑，負責造林計畫的是本多靜六（東京帝國大學教授）等人，周延考量環境等因素後，決定打造以栲樹、橡木等常綠闊葉樹為主的森林，卻因為時任內務大臣大隈重信堅持如同日光與伊勢神宮，於參道兩旁栽種杉木而受阻。本多等人認為以常綠闊葉樹打造森林，才能靠大自然的力量永續生存，神宮土地水氣少並不適合杉木生長，詳細說明後終於說服大隈，開始種樹造林，北由樺太，南至台灣，向全國各地募集樹木約10萬棵，總共動用11萬人次的義務勞動人員參與建設。因此，走在落成啟用至今將近百年的神宮森林裡，就能觀察到非常豐富多元的樹木姿態。

靠人力搬運、栽種黑松的作業情形。當時栽種黑松多達12000棵，目前多已枯死（圖片提供／明治神宮）。

1 勇敢地成長的樟木

由植株基部分株。樟木適合種在氣候溫暖的地區，因此，當初的主幹承受不了寒冬而枯死，底下的小枝茁壯後長成植株。

2 苟延殘喘的杉木

只見到少許杉木。栽種杉木多達4000棵，但目前多已枯死，當初若依大隈重信主張，打造以杉木為主的森林，如今，不可能看到如此蒼翠茂密的森林。

3 曾經為院區內植株最高大的樹木

面對著北參道的鳥居，右側的羅漢松是全國各地募集的樹木中最高大的樹木。目前在成長地區的其他樹木比較下，不再像過去那麼受矚目。

4 早就存在的銀杏樹

面對著北參道的鳥居，左側有兩棵枝繁葉茂，造林前就存在的銀杏樹。右為雌樹，左為雄樹。

5 人工林特有的植生

面對著大鳥居，右側並排栽種樟木、鰲萪栲、青剛櫟、白樸、日本常綠樟樹。大自然環境中不可能看到這五種樹木同時存在於一處的情形。

6 戀愛能量景點夫妻樟

面對著大殿，位於左側的2棵樟樹。大殿裡恭奉的神明為夫妻而得名。前來祈求婚姻美滿與締結良緣的人非常多。

7 「代代木」地名的起源

據說此地的日本冷杉總是能夠長成大樹，生生不息地代代相傳，這就是「代代木」地名由來。上一代的冷杉遭戰火燒毀，現在的冷杉都是戰後補種成長至今。

150年計畫的森林概念圖

林苑植栽計畫擬定時，曾以50年為單位，預測形成理想林相（樹種與生長狀態等構成的森林型態）的過程。當初預測的是喬木層栽種松樹類，中喬木層栽種松樹以外的針葉樹種，灌木層栽種常綠闊葉樹（廣葉樹），以及樹下栽種常綠灌木等多層構造，最後形成常綠闊葉樹林。經過百餘年後，現在，林相成長狀況遠優於當時預測。

（圖片提供／明治神宮）

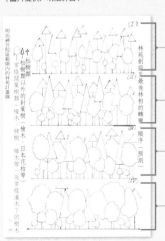

1920年代
栽種松樹類作為主樹，構成神社型態，中間栽種針葉樹，底下栽種可栽培成主樹的闊葉樹。

1970年代
最上層的赤松與黑松長大後，抑制底下的松樹以外針葉樹生長，因此只剩下幾處能見到稀稀落落的其他針葉樹種。

2020年代
橡木、栲樹、樟樹等常綠闊葉樹開始佔據林相中心，松樹類樹木的存在感變淡薄。

2070年代
以常綠闊葉樹為主樹，成長後培育第二代樹木，常綠闊葉樹林逐漸擴大範圍。

日式設計以西式建築手法完成的宮殿

State Guest House Akasaka Palace

迎賓館赤坂離宮

由前庭開始參觀建築外觀上的設計巧思

2016年4月起終於開放一般民眾參觀的迎賓館赤坂離宮。開放參觀日透過事前申請，即可免費入內參觀。從前庭開始，一起來參觀連細部都很講究，充滿日本設計風格的建築吧！

屋頂為形狀像甲冑的成對裝飾。左側開口呈「阿」形，右側閉口成「哞」形，如同神社的犬等，與阿哞※息息相關。

左側的三角楣飾雕刻著象徵皇家的五七桐紋。

由靈鳥支撐的天球，具避邪作用。

左側施以樂器、調色盤、畫筆等藝術相關圖騰。

此處也雕刻五七桐紋。建築物外牆鋪貼的花崗岩上也雕刻。

閃耀著金色光芒，外型令人印象深刻的靈鳥。立體造型媲美中央的甲冑。

※ 阿哞，讀音あうん，あ是「呼氣」，うん是「吸氣」，阿哞表示天地萬物之始終。

迎賓館赤坂離宮為當時的皇太子嘉仁親王（後來的大正天皇）居住的「東宮御所」，明治42（1909）年完成。宮殿建築家片山東熊設計，就高度而言，曾名列日本第一的宮殿建築。19世紀法國最流行的西巴洛克式建築，細部設計上可看到許多充滿日本風格的圖騰。西式建築外觀道地，但內部如此簡樸的建築相當罕見。「迎賓館赤坂離宮」為西洋畫家黑田清輝等人監修，內部裝潢的完成度也相當高。據說當時的建築家們目睹此建築後都受到了激勵，更努力地精進學習而對於西洋建築更有自信。昭和49（1974）年由建築家村野藤吾重修成為「迎賓館」後，成為戰後外交上重要舞台，接待過無數賓客。

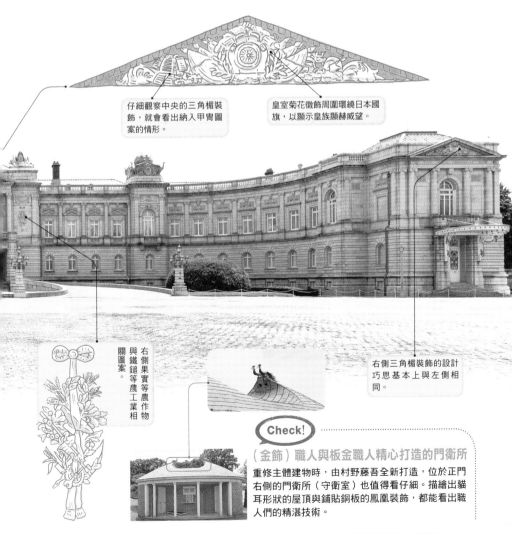

仔細觀察中央的三角楣裝飾，就會看出納入甲冑圖案的情形。

皇室菊花徽飾周圍環繞日本國旗，以顯示皇族顯赫威望。

右側果實等農作物與鐵鎚等農工業相關圖案。

右側三角楣裝飾的設計巧思基本上與左側相同。

Check!

（金飾）職人與板金職人精心打造的門衛所

重修主體建物時，由村野藤吾全新打造，位於正門右側的門衛所（守衛室）也值得看仔細。描繪出貓耳形狀的屋頂與鋪貼銅板的鳳凰裝飾，都能看出職人們的精湛技術。

廳室各有特色且裝飾精美細緻

開放參觀部分為四個廳室、中央階梯與大廳。
每個廳室的裝飾各有特色，一起來找找充滿日
本風味的圖案吧！

天花板上描繪女神乘
坐白馬牽拉的馬車的
畫面。描繪的女神為
日本面孔。

朝日間（朝日廳）

建初作為會客室（沙龍），目前朝日
廳為首長會談的會場。走上中央階梯
後即到達。

天花板上描繪獅子與甲冑。
以形成陰影後看起來更立體
的曲面畫法，從室內的任何
角度看獅子，都能夠與獅子
眼神交會的狀態。

淺紅色柱子使用挪威生產
的大理石，由一整塊岩石
裁切而成。

牆面使用京都西陣製作的
金華山織美術織品。目前
看到的是 2012 年復原。

腳下的緞通（地毯）是
分別由 47 種紫色線製
作，織上櫻花花瓣圖案。

五七桐紋為皇室象徵，
牆面裝飾與裝飾用品上
廣泛雕刻的圖案。

羽衣間（羽衣廳）

納入法國 18 世紀末樣式的直線狀設計。壁飾
與水晶吊燈都是以音樂為題材，採用樂器與面
具等圖案。

納入水晶吊燈的
面具裝飾

運用曲面畫法，描寫樂曲「羽衣」景
趣，描繪在天花板上的大型繪畫。

花鳥間（花鳥廳）

舉辦晚宴的大餐廳「花鳥廳」，從廳內擺設到外牆都充滿木質感的空間。參觀時千萬不能錯過埋入壁面的七寶（景泰藍）飾板。

因天花板設置36片描繪著花鳥的圖畫而成為「花鳥間」名稱由來。像畫框似地圍繞著圖畫的木料是日本木曾地區生產的水楸木。

底稿為畫家渡邊省亭親繪，陶瓷部分為七寶作家濤川惣助處理，30片七寶圖為兩人共同創作。採用名為無線七寶的高度創作技巧

地面鋪貼精緻木地板。各廳室地板鋪貼成不同狀態。

彩鸞間（彩鸞廳）

「彩鸞間」統一採用19世紀初法國流行的帝國風格建築樣式。石膏上貼金箔的浮雕最精美。

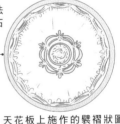

天花板上施作的襞褶狀圖案，引用19世紀初拿破崙一世遠征埃及時的帳棚圖案。

牆面上共安裝10面鏡子，是擴大空間視覺效果的設計巧思。

以傳說中的鳥「鳳凰」變化而成的「鸞」雕刻圖案。施作在左右暖爐與鏡子上。

Data

迎賓館赤坂離宮

電話／03-5728-7788（一般開放電話服務）　地址／港區赤坂2-1-1　交通／JR東京懷舊四谷站下車後步行7分鐘　門票／前庭免費參觀。館內及主庭1,000日圓　時間／前庭須預約，10：00～17：00。本館內部與主庭每日僅開放4000人參觀。詳情請參照網頁，網址 http://www8.cao.go.jp/geihinkan/koukai.html
休假日／例行活動舉辦日等，詳情請參照網頁上記載。

明治時代上流社會的生活樣貌

Kyu-Iwasaki-tei Gardens

舊岩崎宅邸

坐落在上野不忍池附近小山丘上的舊岩崎宅邸。走上曾經為馬車道的寬敞碎石子路小坡道，映入眼簾的就是洋館建築。明治29（1896）年建造，三菱財團創業者岩崎彌太郎的長男，第三代社長久彌居住，最具明治時代上流階級住宅代表性的宅邸。並設和館與洋館的和洋併置式建築，木造的2樓建築與設有地下室的洋館，是設計鹿鳴館的英國知名建築家喬賽亞康德的代表作之一。康德以受僱外國人身分前往日本前，就以宅邸作家名義出道。洋館是目前還存在的康德最古老作品，這是康德從事建築設計最順遂的時期所打造，亦能欣賞到高密度設計的傑作。

富於變化的洋館設計

洋館係以久彌留學時矗立在美國賓州的鄉村風建築印象為設計構想。以詹姆士風格為基調，巧妙地融合伊斯蘭風圖案與殖民地建築風格。

屋頂鋪設東京車站等建築也採用的石板瓦。

洋館正面

非常有特色的牆面裝飾，17世紀英國流行的詹姆士風格。

縱長形窗戶內側框裡鑲嵌幾何圖案的小塊玻璃。

正面玄關左側的袖塀（矮牆）也值得好好地欣賞。充滿三菱社章為基礎的岩崎家紋「重疊三階菱」的設計概念。

唐草模樣（蔓藤花紋）的二樓走廊欄杆為伊斯蘭風格。曾因第二次大戰供出金屬而流失，目前看到的是戰後復原。

日光室為明治後期增建，陽光普照的明亮空間。岩崎家成員在日光室裡合影的照片一直保存至今。

遭戰火侵襲，幸好內外裝飾無損地保存下來。樑柱採用杜鵑古木（其中3根使用紫薇木）。

洋館的庭園側

1樓的陽台地板，鋪貼英國MINTON生產的磁磚。

Check!

尋訪康德的「可愛」設計

被譽為傑作，特色最鮮明的是南側的牆面。昭和8（1933）年的設計，自然地融入戰後村野設計的增建部分，構成不可思議的牆面。

多立克柱式　　**科林斯柱式**

1樓採多立克建築風格，2樓採科林斯建築風格，為廊柱設計增添變化。

玄關大廳的馬賽克瓷磚

由玄關進入館內後，先欣賞一下腳底下的馬賽克瓷磚吧！伊斯蘭風格的美麗色調足以讓人看得出神。

暖爐上鋪貼鬱金香圖案的瓷磚

施作在1樓暖爐周邊的陶質瓷磚值得好好地看看。瓷磚上描繪著造型很可愛的鬱金香圖案。

幾何圖案的彩色鑲嵌玻璃

抬頭看玄關上方，就會看見巧妙地組合成圓形的彩色鑲嵌玻璃。從洋館內部設計就能看出康德很喜歡幾何圖案。

鋪貼在女性專用會客室天花板上的刺繡

將建造當時採用的希臘風圖案刺繡原原本本地保存下來。康德融合了各地區、各時代的建築風格後打造的獨特空間。

從和洋併置式住宅看上流階級的生活方式

15000餘坪的建築用地上，當初大概並排建造著20棟建築物。建築物落成之初，建坪遠遠超過洋館的和館大部分建築，已於昭和40（1965）年拆除。目前的建築面積為只有當初的三分之一左右，洋館、撞球室、和館三棟建築與紅磚圍牆、石牆等還保留著當時樣貌。

「和館」曾經佔據宅邸的中心地帶，目前只保存下其中一棟。

雁行排列的建築配置

和館與洋館彼此錯開呈「雁行式」配置狀態的建築形式，常見於二條城二丸御殿等日本傳統書院造建築。和館建築源自於棟樑（木工師傅）大河喜十郎之手，並非康德設計。但是配置計畫卻清楚地反映出日本建築造詣深厚的康德設計概念。

目前的參觀路線為從洋館進入後，經由迴廊前往和館。最有趣的是連結兩棟建築的地帶，突然地轉換成純和風設計的空間。

大廳為岩崎家舉行婚禮或家族們團聚等場所，主要供婚喪喜慶之用。壁龕與隔扇拉門上為橋本雅邦描繪的富士山。

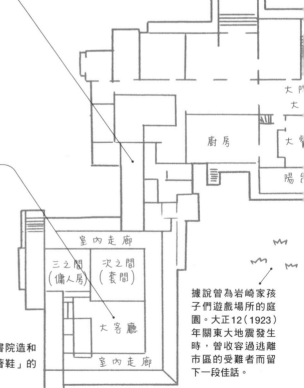

據說曾為岩崎家孩子們遊戲場所的庭園。大正12（1923）年關東大地震發生時，曾收容過逃離市區的受難者而留下一段佳話。

和館

發揮岩崎家起居生活機能，傳統書院造和館。因為日本人不習慣「在家穿著鞋」的西式生活型態而採用的設計。

階梯周邊的各種裝飾，可欣賞到密度非常高的康德設計。

撞球場

所謂的撞球場是指billiard場，造型可愛的瑞士山間小屋風設計。天花板為木材組合而成的三角形桁架結構而形成寬敞空間。設置地下通道以連結洋館建築。

撞球場

地下道

書齋

女客房

客房

日光室

天花板施以刺繡等裝飾，館內最華麗精美的廳室。

岩崎久彌的書齋。充滿木造厚重感的空間。

洋館

招待VIP，舉辦晚宴等以招待賓客為主的設施，也就是所謂的私人招待所。日常生活中不使用的空間。

招待賓客，舉辦派對或晚宴的大餐廳。暖爐上設置大面鏡子而使空間看起來更寬敞。壁紙上描繪葡萄圖案。

Data

舊岩崎宅邸

電話／03-3823-8340（舊岩崎宅邸庭園服務中心） 地址／台東區池之端1-3-45 交通／東京懷舊線湯島站下車後步行3分鐘 門票／400日圓 時間／9：00～17：00（最後入場時間16：30） 休假日／12月29日～1月1日

散發和歌意趣，深具江戶時代的代表性大名庭園

Rikugien Gardens

六義園

元祿15（1702）年，五代將軍綱吉的側用人※川越藩主柳澤吉保建造的池泉迴遊式大名庭園。吉保的和歌造詣深厚，因此建造庭園時納入和歌與中國古典息息相關的八十八景。江戶時代矗立88根石柱，目前只剩32根，欣賞景觀時可對照和歌情景。明治時期為三菱創始人岩崎彌太郎的別館，後來又加入垂枝櫻與茶屋等，構成更富情趣的日本庭園。四季花木與紅葉也很值得欣賞。

※ 側用人：日本德川幕府時代的將軍近侍，第五代將軍德川綱吉設置，主要職責為向老中傳達將軍命令，與向將軍轉呈老中等奏章的官職。

隨處可見與紀州息息相關的名勝

憑藉現存石柱，讓思緒於八十八景中馳騁，腦子裡邊想像著當時情景，邊欣賞園內景致，遊園興致一定會更濃厚。四季花草與紅葉還會幫眼前美景增添色彩。

杜鵑茶屋
明治時代岩崎家族建造的建築物中，遭逢戰火後碩果僅存的建築。樑柱使用杜鵑古木（其中3根使用紫薇木）。

周圍栽種10餘棵老樟木，秋季的賞楓勝地。

笹蟹之道
笹蟹（sasagani）為小蜘蛛的古時候說法。蜘蛛絲般小徑綿延，殷殷期盼和歌之路能夠淵遠流長直到永遠，懷著這種心情命名。

水香江
「蓮花盛開時連江水都散發著香氣」，柳澤吉保因此而命名的地方。目前只剩石組，每年紅葉時期就會點亮照明，重現當時情景。

吹上濱
位於出汐湊對岸，作庭繪製圖面時也曾記載，聳立著姿態優美，樹齡高達300餘歲的吹上松。旁邊還建造吹上茶屋。

垂枝櫻
內庭園大門後方種著樹齡約70歲的垂枝櫻大樹。花期間綻放淺紅色花朵，夜晚點亮照明後更是美不勝收。

瀧見茶屋
從四阿（涼亭）就能欣賞到相當於整座庭園水源的石組景觀與流水聲。

地圖標示：
つつじ茶屋、山陰橋、モミジ、染井門、藤代峠、藤波橋、白鷗橋、ツツジ、吟花亭跡、モミジ、ツツジ、芦辺茶屋跡、吹上茶屋、紀川、吹上松、中の島、新玉松跡 アジサイ、時雨岡、大泉水、妹山・背山、臥龍石、田鶴橋、ハギ、紀川上、千鳥橋、石柱指南岡、蓬萊島、玉藻磯、休憩所兼売店、渡月橋、水分石、心泉亭、宣春亭、内庭大門、内庭門、千里場（馬場）跡、染井門、サービスセンター、出汐湊、出入口 正門

海山川景觀匯集於一堂

可盡情欣賞海景的 **出汐湊**
重現和歌之蒲滿潮時景象的大泉水池畔之一，維持開園時狀態，維持開園當時樣貌的園內唯一觀光勝地。吉保居住的六義館位於此處後方，可欣賞酷似紀州、和歌之蒲地形等景致。

中央的築山稱妹背山，以和歌之蒲的妹背山為設計構想。意味著男女之間的情誼，分為妹山（左）與背山（右），矗立其間的玉笹石（紀州青石）意喻因男女情誼而疏離的笹竹。

可欣賞山景的 **藤代峠**
園內最高人造假山，闢建庭園時，參考紀州、和歌之蒲對岸名勝藤白坂。海拔35公尺的山頂上視野絕佳，甚至被稱為「富士見山」。

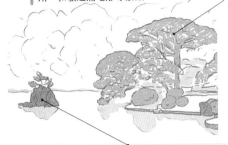

蓬萊島是明治年間岩崎家安置，被視為長生不老仙人居住的島嶼，基於神仙思想而構成洞窟石組（拱型）。後方安置形狀像臥龍，露出龍頭的臥龍石。

江戶時代，據說這裡正好與江戶城正面相對，西邊可遙望富士山，東邊可遠眺筑波山。現在則是四周團團圍繞著高樓大廈。

紀州、藤白坂可俯瞰和歌之蒲，相對地，藤代能夠俯瞰出汐湊。

可欣賞橋景（景物）的 **渡月橋**
並非模仿京都渡月橋，這是以和歌命名的橋樑。

原本為土橋，目前由2塊花崗岩構成橋體，中央以大石塊支撐，造型罕見的橋樑。

山坡上廣泛栽種杜鵑花，五月左右就會繽紛綻放各色花朵。江戶時代，染井村開了許多園藝店，因此栽種了多采多姿的花木。

可欣賞雅石、瀑布景致的 **瀧見茶屋旁溪流**
流經瀧見茶屋右後方的溪流，被定位為紀之川上游的「紀川上」，此處就是整座庭園的流水源頭。

依據中國「漱石枕流」故事而取名枕流洞。設有小祠堂，形狀像枕頭的石頭，這裡就是水源地。

前面是視野寬廣的水邊，因為水面映月的美麗景象而被稱為「月宿灣」，由蘆邊茶屋舊址方向眺望，能夠欣賞到映照在水面上的周圍樹影與過橋人影。

曾經引用千川上水（上游）的水源，目前則抽取地下水使用。

水由枕流洞流出，流經分水石後一分為二，像瀑布般往下游奔騰。

Data

六義園
電話／03-3941-2222　地址／文京區本駒込6-16-3　交通／JR・東京懷舊縣駒込站下車後步行7分鐘　門票／300日圓（5／4、10／1免費參觀）　時間／9：00～17：00（最後入園時間16：30）　休假日／過年期間

MEMO｜週六、週日、國定假日分別於11：00～與14：00～1日2個時段提供免費導覽解說服務（不需預約）。與導覽志工一起參觀園內，時間約60分鐘，詳細介紹園內景點與歷史變遷。

深受庶民喜愛的日本第一座近代化西式公園

Hibiya Park

日比谷公園

歷 經大名屋敷、陸軍練兵場後，於明治36（1903）年開園的日本第一座近代化西式公園。由本多靜六博士設計，隨處保留日本設計要素的西式設計。園內廣泛地針對一般民眾介紹當時還很罕見，融合西洋花藝、西式餐點、西洋音樂的「三種西式文化」。其次，於公園內舉辦「花壇展覽會」、「日本全國性汽車展示」等活動的作法也相當先進。開園至今已經過110個年頭，依然能看到許多已成為日本重要「歷史遺產」的開園當時設計。

參觀留下許多佳話的園內風光

身體裡流著「和魂洋才」血液的本多博士設計案，其中大半一直傳承至今，亦不乏隨著時代改進部分，一起來解開潛藏於各設計中的佳話吧！

開園當初設置的九個門中的六個（霞門、櫻門、有樂門、日比谷門、幸門、西幸門），使用江戶城可見到的枡形門的石材。

寬敞的S形庭園通道
以雲形規尺描畫的庭園通道，預設馬車經過，將通道加寬，關建為20公尺左右，以德國Benzen市立醫院步道為設計範例。道路兩旁的銀杏樹一到了秋天就轉變成黃葉而美不勝收。

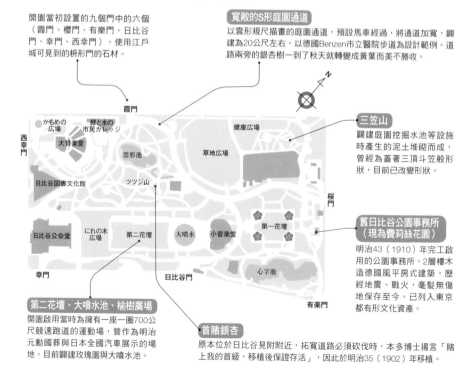

三笠山
關建庭園挖掘水池等設施時產生的泥土堆砌而成，曾經為蓋著三頂斗笠般形狀，目前已改變形狀。

舊日比谷公園事務所（現為費莉絲花園）
明治43（1910）年完工啟用的公園事務所。2層樓木造德國風平房式建築，歷經地震、戰火，毫髮無傷地保存至今。已列入東京都有形文化資產。

第二花壇、大噴水池、榆樹廣場
開園啟用當時為擁有一座一圈700公尺競速跑道的運動場，曾作為明治元勳國葬與日本全國汽車展示的場地。目前關建玫瑰園與大噴水池。

首賭銀杏
原本位於日比谷見附附近，拓寬道路必須砍伐時，本多博士揚言「賭上我的首級，移植後保證存活」，因此於明治35（1902）年移植。

（地圖內文字）
かもめの広場 / 靜と水の市民カレッジ / 健康広場 / 霞門 / 西幸門 / 大音樂堂 / 雲形池 / 草地広場 / 日比谷図書文化館 / ツツジ山 / 桜門 / 日比谷公会堂 / にれの木広場 / 第二花壇 / 大噴水 / 小音樂堂 / 第一花壇 / 幸門 / 日比谷門 / 心字池 / 有樂門

✐ **MEMO** 園內的「綠與水的市民大學」2樓，設有自然環境相關資料非常豐富的圖書館。館藏豐富，提供自由閱覽，需要查詢公園與植物相關資料時建議前往。

探尋開園當初的樣貌

西洋花藝深入日常生活的
第一花壇

和開園當初一樣，採用對稱幾何設計的西式花壇。第一座栽種玫瑰、鬱金香、三色堇等西洋花卉的花壇。

雅石庭園

鵜鶘噴水池

第一花壇

四角設計成扇形的花壇，以君代蘭為中心，廣泛栽種季節花草。

昭和28（1957）年，野外雕刻展贊助商捐贈的鵜鶘噴水池。

中央聳立著高大的棕櫚樹。

為紀念昭和25（1954）年施行的「文化日」而設立自由女神像。

活用濠石垣的
心字池

日比谷見附（日比谷門）的石垣（石牆）、濠（護城河），以及上方的高大櫸木都做充分的運用，牆內闢建讓人緬懷蓮花池的心字池。

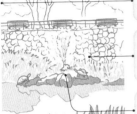

高大櫸木於昭和44（1969）年枯死，目前僅剩枯萎的植株。

日比谷見附（日比谷門）石垣與濠的一部分。上方設有座椅，視野絕佳。

目前設置龜噴泉，據說當初闢建的是野慈菇與鵝的噴泉。

和洋折衷，造型獨特的
白鶴噴泉與雲形池

「德勒斯登園藝學校」教授貝爾多拉姆借用『公園設計案』中的設計圖後闢建的雲形池。白鶴噴泉為開園當時的公園象徵。

白鶴展翅的美麗姿態為明治38（1905）年左右，東京美術學校（現為東京藝大）的津田信夫、岡崎雪聲共同創作。

寒冬時節，白鶴雕像垂掛冰柱是冬季最美的風情畫。秋天周邊的銀杏樹與楓樹構成的色彩對比更是美不勝收。

重新鑄造形狀酷似開園當初使用的弧光燈（照明燈）。目前園內只剩下一盞弧光燈。

當初，為了讓肩負路上交通重任的馬匹喝水，設置的飲水設備還附帶盤子。目前，三笠山的山腳下還保存著形狀完整的該類型飲水設備。

從開園當初一直保存到現在鑄造物
飲水設備與弧光燈

開園當初建造的飲水設備與弧光燈。目前，分別只有一座完整地保存下來。設計與裝飾當然很美，希望關注的是反映時代的機能性。

開園時期算起第三代的
小音樂堂

明治38（1905）年啟用的第一座野外音樂堂。第一代因大正12（1923）年關東大地震而倒塌。目前為第三代。

第一代　　第二代　　第三代

第一代舞台的屋頂裝飾得美侖美奐，令人印象深刻，讓人想起歐洲的旋轉木馬與涼亭。

Data

日比谷公園

電話／03-3501-6428　交通／東京懷舊線日比谷站、霞關站下車步行約2分鐘　地址／千代田區日比谷公園　時間／隨時開園　休假日／服務中心於過年期間休假　門票／免費參觀（部分設施需購票）

47

與舊前田府邸毗鄰建造的哥德式校舍群

University of Tokyo Hongo Campus

東京大學本鄉校園

明治9（1876）年，東京大學前身的東京醫學校由神田遷移至本鄉，第二年與東京開成學校合併後，東京帝國大學誕生。加賀百萬石前田家的上屋敷舊址成了大學的建築用地，後來發展成五個學系的綜合大學，但校園裡因各學系爭相建築校舍，不同風格的建築物林立，故無法展現出統一規劃的景觀。

大正12（1923）年，校園建築遭到關東大地震引發的火災等而全毀。參與重建計畫的建築學系內田祥三為提昇重建效率，謀求統一建築物結構與規模，建築物設計也統一採用哥德式設計。因此，校園內被稱之為「內田哥德」的校舍接二連三地蓋起，目前的本鄉校園威容於焉誕生。

造訪東大！

位於本鄉校園、彌生校園裡的內田祥三哥德式建築高達24棟。個人或人數較少時，不需事前登記就能參觀，因此，先進去看看吧！15位以上的團體必須事先登記。亦提供學生導覽的校園參觀行程服務。

❶ 理學系2號館（1934）
❷ 醫學系1號館（1931）
❸ 醫學系2號館本館（1938）
❹ 七得堂[柔、劍道場]（1938）
❺ 弓道場（1935）
❻ 綜合圖書館（1928）
❼ 法文2號館（1938）
❽ 大講堂[安田講堂]（1925）
❾ 法文1號館（1935）
❿ 工學系列品館（1925）
⓫ 工學系3號館（1939）
⓬ 工學系2號館（1924）
⓭ 工學系6號館（1940）
⓮ 工學系13號館（1930）
⓯ 工學系4號館（1930）
⓰ 工學系1號館（1935）
⓱ 農學系3號館（1941）
⓲ 農學系1號館（1936）
⓳ 農學系2號館（1936）
⓴ 醫學系4號館（1936）
㉑ 醫院、管理、研究大樓（1938）
㉒ 醫院、第一研究大樓（1928）
㉓ 第2餐廳[學生會館]（1938）
㉔ 醫院、內科研究大樓（1932）
※（ ）內記載竣工年度

紅門

堪稱東大代名詞的紅門，正式名稱為「舊加賀屋御守殿門」。文政10（1827）年，加賀藩主前田齊泰迎娶將軍德川家齊女兒溶姬公主時所建。紅門面對中山道而建，展現前田家與將軍家的威儀。

值得看仔細的三種「紋」！

紅門採用的是醫藥門建築形式，以本柱（正面的柱）與控柱（背面的柱）支撐山型屋頂。採用本瓦葺屋頂，瓦上刻德川家的葵紋、前田家的梅鉢紋，以及東京大學的校徽。

舊瓦上並排前田家的梅鉢紋。日本恭奉知名學問神的天滿宮神紋也是採用梅鉢紋。

大樑上並排鋪蓋刻有德川將軍家三葉葵紋的飾瓦。

裝飾大樑兩端的鬼瓦上刻的「學」字是東京大學校徽。

大門外觀塗刷朱紅色漆成為紅門名稱由來，是迎娶將軍家公主為夫人時的習俗。紅門的正式名稱為「御守殿門」，因為此門是附屬於公主溶姬住的建築物「御守殿」的正門。

門的左右側各有一棟鋪蓋唐破風造本瓦葺屋頂的番所附屬建築。這是前田家等深具威望的大名層級才准許設置的豪華大門。番所正面塗刷朱紅色漆，門後則是未塗刷漆料，維持原木狀態。

綜合圖書館

關東大地震發生時燒毀藏書高達76萬冊的圖書館重建，曾經為本鄉校園重建的最重要項目。以美國洛克菲勒財團捐贈400萬日圓為資金，由內田祥三設計的嶄新圖書館於昭和3（1928）年竣工。綜合圖書館正面外牆呈曲線狀的建築外觀令人印象深刻。

圖片提供／東京大學

拱型結構上的8片浮雕裝飾

連結在一起的拱型結構上鑲嵌浮雕裝飾，雕刻家新海竹藏創作，雕刻龍與松樹等以動植物為主題的圖案。

據說是以並排在書架上的書籍為設計構想。

前庭闢建噴水池，配置塔相輪的紀念碑，與內田祥三一起設計安田講堂的岸田日出刀（建築學系教授）的設計作品。

安田講堂

安田講堂的正式名稱為大講堂。建設時安田善次郎（安田財團創始人）捐贈100萬日圓而成為通稱由來。關東大地震發生前動工，大正14（1925）年竣工，幾乎未遭受到地震災害侵襲，設計者內田廣受好評，地震後加速校舍重建。

講堂內也值得參觀！
安田講堂裡側風情與建築外觀截然不同。順著講堂內部狀態而設計成半圓形外觀，建造上圓形的屋頂。

掛著時鐘的門塔為8樓建築，朝著天際上升的獨特設計令人印象深刻。四角設置八角形Turret（小塔）而使外觀更顯威嚴。

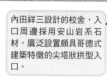

內田祥三設計的校舍，入口周邊採用安山岩系石材，廣泛設置頗具哥德式建築特徵的尖塔狀拱型入口。

廣場地下闢建可供東大學生填飽肚子的中央食堂。

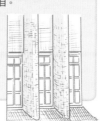

並排建造Buttress（扶壁），強調垂直線的設計，除強化外牆外，還增加律動感，顯得更賞心悅目。

從側面看 感覺好像多了好幾層樓？
從正門看安田講堂時好像蓋在平地上，事實上，整棟建築是蓋在臺地上比較凹陷的坡坎下方，三樓以上才露出地面。

望向安田講堂的視野

由正門往前筆直延伸，兩旁栽種銀杏樹，盡頭聳立著宏偉壯麗的安田講堂，這就是最具本鄉校園象徵的景致。大講堂與兩旁的銀杏樹融為一體，充滿最高學府威嚴的vista（林蔭街景），因此才會成為地震災害後重建計畫的核心。

聳立在步道兩旁的銀杏樹祕密

步道兩旁的銀杏樹是明治末期任總務長的濱尾新規劃栽種，由農科大學教授本多靜六提出設計案，越靠近建築物越降低樹高，因此，整條步道看起來更長。

審慎思考後決定的校舍棟距

關東大地震發生後，大部分校舍因火災而付之一炬。記取教訓，內田祥三特別加寬建築物的棟距，確實做好避免火勢蔓延對策。

內田祥三主導的校舍重建計畫，原則上統一採用地下1層地上3層的鋼筋混凝土建築，因而打造了耐震度高，建築設計上相當整齊美觀的校園。

Data ···

東京大學本鄉校區

地址／文京區本 7-3-1　交通／東京懷舊南北線東大前站下車後步行1分鐘、丸之內線本鄉三丁目站下車後步行8分鐘　門票／自由參觀（15人以上需於參觀7天前登記。詳情請上東京大學HP http://www.u-tokyo.ac.jp）　時間／7：00～18：00　休假日／龍岡門以外，逢週六、週日、國定假日關閉。

第一座被列為重要文化資產之百貨店建築的「增建」傑作！

Takasimaya Nihombasi Store

日本橋高島屋

巧妙鑲嵌的和風設計

觀察細部就會發現以神社佛閣常見的結構與欄杆等為構圖，充滿日本風格的設計巧思。

正面出入口

隨處施以日本寺院建築設計巧思，充滿厚重感的建築物正面大門。

1樓內部

緊接著面向中央大道的入口大廳，1樓與2樓的兩層樓挑高設計。

水晶燈照明於戰爭期間回收供出金屬類部分，戰後由野村藤吾重新完成和風設計。

常見於城廓御殿等設施的格狀天花板，設置此天花板即表示該空間是非比尋常的重要場所。

牆面與樑上隨處可見掩蓋釘子的裝飾，事實上，該處並未釘上釘子，單純裝飾而已。

創建時的飲水設備舊址。曾經被堵塞而用途不明，列入重要文化資產後研究證實是當時的飲水設施。

2樓的欄杆原本為金屬材質，戰爭期間供出金屬，目前為木製。

階梯周邊採用直接由義大利進口的大理石，後來證實竟然是三億五千萬多年前棲息於大海中的鸚鵡螺化石！

昭和8（1933）年建築家高橋貞太郎設計完成，完成後立即成為引領流行的地方，落成啟用後即祭出強調全館冷暖氣設備周全的宣傳，因「一走出高島屋就覺得東京熱呼呼」口號而風靡一時。

創建時名稱為「日本生命館」，因為高島屋租用日本生命保險公司建築的大樓後營業。昭和38年產權終於歸高島屋所有。昭和20年代以後一再地增改建，昭和40年成為範圍佔一整個街區的店鋪。

Check!

增建的建築為什麼稱為傑作呢？

最具傑作特徵的是南側的牆面。昭和8（1933）年的設計巧思，與戰後野村增建部分自然地融合構成不可思議的牆面。

（Data）
日本橋高島屋
電話／03-3211-4111　地址／中央區日本橋2-4-1　交通／東京懷舊銀座線・東西線日本橋站下車即到達　時間／10：30～19：30（地下2・8樓美食街、8樓特別餐廳11：00～21：30）　休假日／不定休

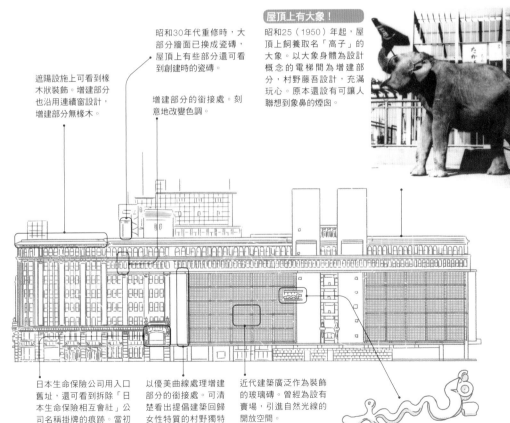

昭和30年代重修時，大部分牆面已換成瓷磚，屋頂上有些部分還可看到創建時的瓷磚。

增建部分的銜接處。刻意地改變色調。

遮陽設施上可看到椽木狀裝飾。增建部分也沿用連續窗設計，增建部分無椽木。

屋頂上有大象！

昭和25（1950）年起，屋頂上飼養取名「高子」的大象。以大象身體為設計概念的電梯間為增建部分，村野藤吾設計，充滿玩心。原本還設有可讓人聯想到象鼻的煙囪。

日本生命保險公司用入口舊址，還可看到拆除「日本生命保險相互會社」公司名稱掛牌的痕跡。當初7樓設有事務所。

以優美曲線處理增建部分的銜接處。可清楚看出提倡建築回歸女性特質的村野獨特設計風格。

近代建築廣泛作為裝飾的玻璃磚。曾經為設有賣場，引進自然光線的開放空間。

裝在牆面上的蛇狀裝飾，雕刻家笠置季男作品。村野喜歡與雕刻家共同創作。

東京的最後一條都電

Toden Arakawa Line

都電荒川線

昭和31（1956）年，行經銀座四丁目十字路口的都電5500型。左後方建築物為現今的和光。照片提供／戶井真雄

都電荒川線是連結三輪橋與早稻田，行駛距離12.2公里，以1小時左右的車程，連結兩個終點站的電車路線。每天的乘客人數約46000人，目前為都電，原本為民營鐵路王子電氣的軌道，明治44（1911）年至昭和5（1930）年間舖設。太平洋戰爭期間，昭和17（1942）年，東京都政府出面整併私鐵路面電車而歸併為都電。曾經規劃行駛三輪橋～王子站前～赤羽間的27個系統，以及荒川車庫前～早稻田間的32個系統。昭和47（1972）年廢除王子站前～赤羽間系統，剩下的路線於兩年後整併為「荒川線」。

曾經行駛東京都內的都電

昭和37（1962）年的主要行駛路線圖。東京奧運舉辦前2年，共40個系統，每天乘客數據說高達150萬人。

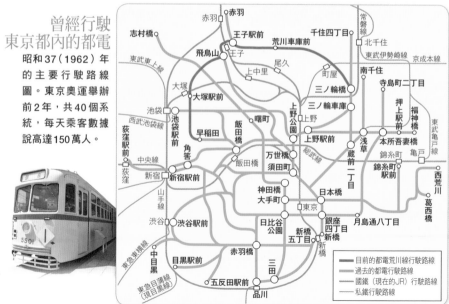

一再地改造後繼續使用的車輛

路面電車行駛期間通常會一再地更換各種零件，車輛則長年繼續使用。2016年春天登場的7700型新型車輛為傳統7000型大幅改裝而成。原本的7000型也是昭和30年代初期製造，於昭和52（1977）年改造過。

昭和30年代進行大改造後完成的7700型

部分機件繼續使用，大幅提昇乘車舒適性與電力效率，外裝也更新穎的車輛。

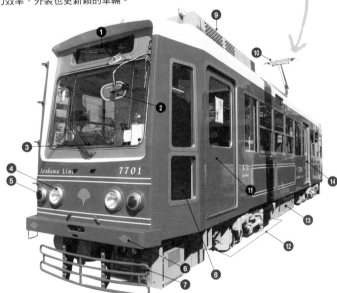

不斷進化的集電裝置

集電裝置是透過架線為車輛提供電力的重要裝置。一起來看看隨著車輛改造而不斷進化的集電裝置種類吧！

Check!

集電桿

最古老的集電裝置類型，易脫離架線，由繩索牽引以改變方向。

弓形集電器
Z形集電器

加大接觸架線部分的弓形集電器。Z型集電器可雙向行駛。

菱形集電器

可配合架線高度變化，確實地發揮集電效果。除路面電車使用外，更高速的電車也使用。

單臂形集電器

狀似半個菱形的集電器，零件較少，重量較輕，維修更容易。

① **顯示行駛路線**……以LED燈顯示三輪橋或早稻田等行駛路線。

② **後照鏡**……昭和52（1977）年改造成一個人駕駛時安裝。

③ **高位煞車燈**……踩煞車就會亮燈的裝置。安裝於高位以便看清楚並行車輛與續行車輛。

④ **前照燈**……車輛前進時點亮的燈具。

⑤ **車尾燈**……車輛調頭行駛時，照亮後側的燈具。

⑥ **反光貼紙**……於視線較差的傍晚或夜間反射光線。

⑦ **排障器**……車輛行駛過程中排除障礙的裝置。

⑧ **安全窗**……加大駕駛員的視線以提高安全性的新設備。

⑨ **冷氣設備**……冷氣裝置。7700型繼續使用傳統規格的冷氣設備。

⑩ **集電器**……由架線取得電力的集電裝置。7000型車輛上安裝弓形或菱形集電器，7700型已更換單臂式集電器。

⑪ **乘車門**……不採距離計價方式，均一票價，每次上車都需收取費用，於上車時收取車費。7000型乘車門原本寬900mm，已加寬為1000mm。

⑫ **底盤**……彙整安裝車輪、馬達、煞車系統等車輛行駛相關裝置的底盤。

⑬ **控制裝置**……調整電力的電壓等，控制車輛速度的裝置。7700型使用可提昇電力效率的VVVF整流器。

⑭ **下車門**……寬1100mm，寬度大於乘車門。

只保留荒川線的理由

東京邁入高度經濟成長期後車輛激增，都電成為交通阻塞因素之一。昭和42（1967）年至昭和47年，將任務交由地下鐵與公共汽車，廢除180餘里的營運路線。目前的荒川線部分幾乎都是專用軌道，並無提供公共汽車行駛的替代道路，難以變更為公共汽車行駛路線，再加上當地居民要求而繼續「保存」。

專用軌道與併用軌道 荒川線的軌道分布狀況

王子駅前～赤羽間
1972.11.12廃止

併用軌道区間

センターリザベーション区間

併用軌道区間

赤羽
赤羽
日暮里・舎人ライナー
旧27系統
王子駅前
荒川車庫前
熊野前
町屋駅前
JR常磐線
飛鳥山
王子
小台
宮ノ前
尾久
町屋
京成本線
三ノ輪橋
池袋
大塚
JR山手線
JR京浜東北線
東北新幹線
JR宇都宮線
西日暮里
南千住
大塚駅前
旧32系統
西日暮里
高田馬場
早稲田
日暮里

※（註）圖中的「併用軌道區間」不包括大型街道上的平交道部分。

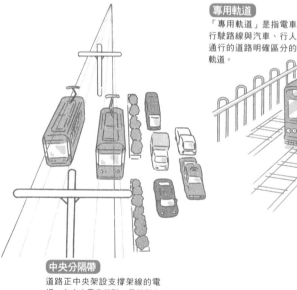

中央分隔帶

道路正中央架設支撐架線的電桿，左右由電車行駛，最外側由汽車行駛。併用軌道，但是電車與汽車分道行駛，設置中央分隔帶的規劃方式。於宮前站～小台間常見此景。

專用軌道

「專用軌道」是指電車行駛路線與汽車、行人通行的道路明確區分的軌道。

併用軌道

汽車與電車共用軌道部分稱「併用軌道」。荒川線的熊野前～小台之間部分路段，王子站前～飛鳥山之間路段就屬於併用軌道。

採無障礙空間設計的先進車輛

不像地下鐵需要上、下長樓梯，或繞遠路尋找電梯，不斷地針對路面電車進行檢討，期望能設計得更方便人們搭乘。荒川線電車的車輛不採低底盤設計，但是加高月台，月台與車門無高低落差，當然，停車場也設置方便行走的坡道。

カ ス □

ム

ㄅ

8900型

2015年引進的8900型最新型的車輛。共有4種色彩變化，將來還會繼續引進。

ㄅ 平坦的8900型車內
ㄆ 清楚顯示目的地的大型液晶畫面
ㄇ 無高低落差的出入口附近，未設置座椅，方便乘客移動
□ 廣泛設置扶手
カ 規劃停放嬰兒車與輪椅專用空間

Data ....
都電荒川線
電話／03-3816-5700（都營交通乘客服務中心）　營運時間／9：00～20：00　休假日／全年無休　票價／每次170日圓（IC為165日圓）、一日票400日圓（現金與IC相同票價）

軌道寬度的種類

看起來大同小異，事實上，軌道都有微妙的差異。JR各線路（除部分線路）的軌道寬1067mm。東海道新幹線等軌道寬1435mm。另一方面，都電荒川線軌道間距為1372mm，是俗稱「馬鐵軌間」，世上少見的軌道間距。都電路線曾經為馬車鐵道，明治15（1882）年開始營運時即採用而成為由來。此外，目前已加入或預定加入營運的東急世田谷線與京王線（井頭線除外）鐵道都是相同的軌距。

— 762mm （2英呎6英吋）
— 1067mm （3英呎6英吋）
— 1372mm （4英呎6英吋）
— 1435mm （4英呎8又1／2英吋）

762mm	四日市あすなろう（迎向明日）鐵道八王子線・內部線、三岐鐵道北勢線、黑部峽谷鐵道等。
1067mm	札幌市電、富山Light rail、JR各線（除部分路線）、都營三田線、東急東橫線、京王井頭線等
1372mm	都電荒川線、東急世田谷線、函館市電、京王京王線・相模線・高尾線、都營新宿線
1435mm	廣島電鐵、熊本市電、新幹線各線、京急各線、京成各線、都營淺草線、大江戶線、東京懷舊銀座線、丸之內線等

軌距4英呎六英吋（1372mm），據說是可並行2匹馬的寬度。

持續擴大規模的東京空中玄關

Tokyo International Airport (Haneda)

羽田機場
（東京國際機場）

日本國內航空旅客據說高達6成左右會使用的羽田機場（東京國際機場）。國際線定期航班也於2010年開始展開飛航，國內外旅客使用機率日益攀升。巨大規模的機場於昭和6（1931）年開始展開營運。泥灘遼闊，附近也闢建海水浴場，甚至有京濱電鐵（現為京急）直營的海之家。後來隨著飛機的發展與旅客數不斷地攀升，持續擴大佔地面積，目前佔地面積已擴大為大田區的三分之一。

國內線分成日本航空（JAL）系統使用的第1旅客航廈，全日空（ANA）系統系使用的中心第2旅客航廈，以及另外闢建的國際線新航廈。

持續地擴大佔地規模

昭和6（1931）年至目前，不斷地因應需求擴大機場規模。從國土地理院發行的五萬分之一地形圖，就能確認該情形。

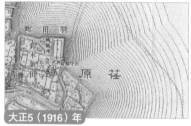

大正5（1916）年

附近為江戶時代獻給幕府海鮮類的「御菜浦」。圖中還可看到鈴木彌五右衛門率領從事新田開發而得名的「鈴木新田」地名。北側為鴨狩場。

↓

昭和7（1932）年

曾為泥灘地的鴨狩場進行掩埋，昭和6（1931）年東京飛機場展開營運。完成一條300公尺 × 15公尺的跑道，當時的機場面積約53公頃。

昭和28（1953）年

大戰結束後經由駐日盟軍總司令部（GHQ）接收，昭和27（1952）年大部分歸還，名稱也是「東京國際空港」。接收過程中依然繼續擴大規模，完成2條飛機跑道。

↓

昭和52（1977）年

從圖中就能看出東側海域掩埋工程進行情形。目前，飛機跑道已經轉移至海上。機場面積為1522公頃，大約昭和6（1931）年當時面積的28倍。

凌駕成田，日本最多跑道的機場

目前，羽田機場共闢建4條飛機跑道。A跑道為3000公尺，B與D跑道為2500公尺，C跑道最長，近年來已延長為3360公尺。跑道寬度皆為60公尺。長度雖然無法與其他機場相媲美，但是跑道數量上都比成田國際機場與關西國際機場多兩條。

闢建4條飛機跑道，如何區分使用呢？

4條跑道依風向與時段區分使用。飛機飛行穩定度以順風優於逆風。接下來依據北風與南風，看看飛行狀況吧（可能例外）！

起飛為止的滑行距離各不相同

起飛必要距離為小型客機2000公尺，燃料量越多，機體越沈重的國際線飛機需要3400公尺。羽田機場的跑道最長為3360公尺，因此都是經過調整如減輕搭載重量等。

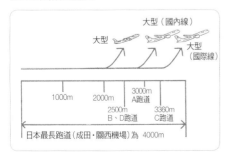

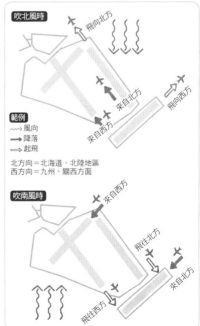

MEMO 第1航廈六樓設有展望台。（時間／6：30～22：00，但依天候狀況變更）、第2航廈的展望台設於5樓室內（時間／5：00～23：00，依天候狀況變更），共設有兩處展望台。

59

機場與客機
的祕密

大拖車
又稱Tug Car。一次可牽引好幾輛裝載著貨櫃的車輛，像帶著孩子的花嘴鴨，行動非常可愛的車輛。

由各式各樣的工作車完成出發準備工作

客機抵達目的地後，至下一次出發為止的期間（歸航），飛機四周環繞著各種車輛，各自完成自己的任務。客機依規定開往停機坪後，率先靠近的是電源車，經由電源車開始由地面供電系統為飛機提供照明與空調等電力。飛機引擎停止運轉後，乘客開始下機，飛機外的各項準備作業同時啟動。

滾帶車
取出或裝入沒有裝在貨櫃裡的零散手提行李等，以輸送帶運送行李。

清廁車
將設置在飛機上的好幾處Lavatory（化妝室）裡的穢物，集中於機體後方的一處，再由該處取出穢物。將清廁車後方吊高後接在飛機上。

噴射發動機用燃料如何運送呢？

羽田機場一天的燃料供給量高達7000KL（標準加油站的汽油貯藏量約40KL）。將油輪上的燃料儲存到油庫裡，經由地下管路連結到停機坪的輸油管路，非常有效率地大量輸送燃料的系統。日本最先採用該系統的是羽田機場，時間為昭和30（1955）年。

大餐車
將飛機餐與飲料等裝入客艙。庫內呈冷藏狀態。往來於機場外的飛機餐中央廚房，車上通常都會掛上號碼牌。

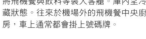

❷ 輸油臂
從油輪卸下燃料的裝置。

❸ 濾網
濾除垃圾的網子。

❹ 過濾裝置
濾除垃圾或水分等

❼ 供油閥
連結在供油車上以便經由輸油管路輸送燃料的油閥。

❶ 油輪

❺　　　　**❻ 泵浦**　　　　**❽ 供油車**

供油車
將埋設在地下的燃料管路油閥，轉接到機翼下方的燃料槽後輸入油料。

供水車
補給飛機上使用的飲用水。必須鑽入飛機底下，因此車體為扁平狀。

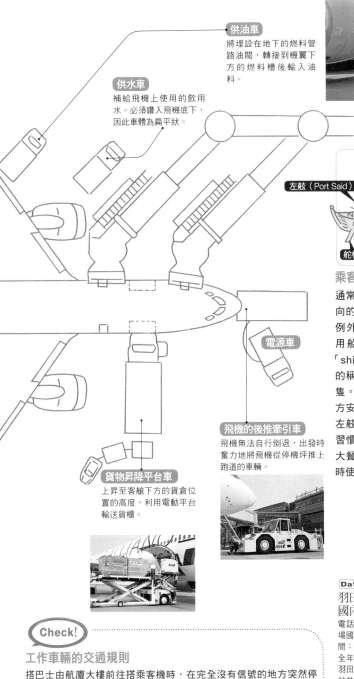

左舷（Port Said）

行進方向

舵板　　右舷（Starboard side）

乘客由左舷上下飛機

通常，乘客都是由進行方向的左側上下飛機（也有例外），這是因為飛機沿用船隻習慣。稱機體為「ship」，客艙為「cabin」的稱呼方式都是源自於船隻。古時候船隻的右舷後方安裝舵板，因此都是由左舷靠岸。飛機也沿用該習慣。機體右側的門是供大餐車搬運飛機餐等作業時使用。

電源車

飛機的後推牽引車
飛機無法自行倒退，出發時奮力地將飛機從停機坪推上跑道的車輛。

貨物昇降平台車
上昇至客艙下方的貨倉位置的高度，利用電動平台輸送貨櫃。

Check!

工作車輛的交通規則

搭巴士由航廈大樓前往搭乘客機時，在完全沒有信號的地方突然停車，想必您也有過這種經驗吧！那是因為巴士橫越客機通道的引導路線時，駕駛接收到塔台透過無線電下達的指示而停車。

Data
羽田機場
國內線旅客搭乘航廈
電話／03-5757-8111（羽田機場國內線綜合諮詢服務台）　時間：5：00～25：00　休假日／全年無休　交通／東京單軌電車羽田機場第一航廈站或第二航廈站共構、京急羽田機場國內線航廈站共構　時間／原則上5：00～24：00

《圖片提供》東京都港灣局

形狀獨特的雙層結構東京灣地標

Rainbow Bridge

彩虹橋

建造目的為連結已高度開發的台場東京臨海副都心與東京都市中心，於1993年落成啟用的吊橋。因為造型優美而登上動漫畫與戲劇，成為東京灣的地標。入夜後點亮照明，又成為超人氣約會地點。其次，「彩虹橋」是經過公開票選的暱稱，正式名稱為「東京灣連絡橋」。整座橋為雙層結構。上層為需付費的首都高速公路，下層為免費通行的一般道路、人行步道與鐵路，橋樑結構相當罕見。

東京灣的巨大吊橋

吊橋部分寬約29公尺，中央徑間約570公尺，主塔高約126公尺。很難實際地感覺出高度，其實高度媲美40層樓的高樓大廈，是相當巨大的結構物。

世界上第一座照明設備可變換三種顏色的橋樑。橋體與白色主塔係以可依據活動需要與時間變換顏色的照明纜線構成。

《照片提供》東京都港灣局

若將數條纜繩綁成一條纜繩，將整個結構解體後連結成一長條，就能連結成31000公里長的纜線，長度相當於來回東京與紐約1.5趟的距離。

固定主要纜繩，具備配重塊作用的兩個錨定裝置。基礎部分相當於12面網球場的範圍。

126m

29m

570m

具備三大機能的雙層構造

上層為首都高速公路11號台場線。下層比較複雜，中央部分供新交通「百合海鷗號」通行，左右則為港灣道路的一般道路，兩端闢建名為「Rainbow Promenade」的人行步道，併設三種交通系統。

位於羽田機場附近，因此高度限制在150公尺左右。

龐大結構物，因此視野絕佳。北側可眺望都心的高樓建築群與東京鐵塔，南側可遠眺富士山或欣賞台場景色。

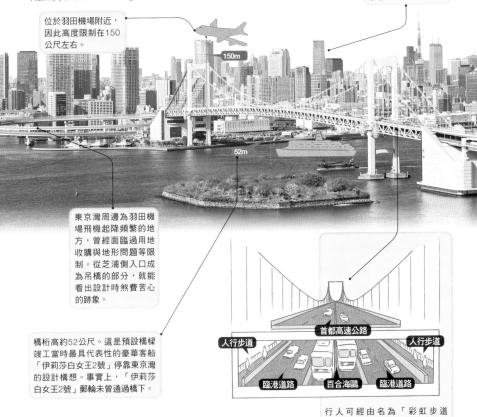

150m

52m

東京灣周邊為羽田機場飛機起降頻繁的地方，曾經面臨過用地收購與地形問題等限制。從芝浦側入口成為吊橋的部分，就能看出設計時煞費苦心的跡象。

橋桁高約52公尺。這是預設橋樑竣工當時最具代表性的豪華客船「伊莉莎白女王2號」停靠東京灣的設計構想。事實上，「伊莉莎白女王2號」郵輪未曾通過橋下。

首都高速公路

人行步道　　　　人行步道

臨港道路　百合海鷗　臨港道路

行人可經由名為「彩虹步道（Rainbow Promenade）」的人行步道過橋，建議走上橋盡情欣賞造型獨特的吊橋結構之美。其次，依規定必須租用台車推著腳踏車過橋。

出現過彩虹橋的作品

彩虹橋落成時，台場還很少建築物，富士電視台總社大樓等建築物完成後，辦公與商業設施相繼進駐，台場迅速地成為觀光重鎮，彩虹橋知名度快速提升，成為最具東京象徵的建築，成為電影等媒體爭相拍攝的地點。最知名的是以「Godzilla vs. Mechagodzilla II」為首，片名為《跳躍大搜查線二：封鎖彩虹橋》的電影。

Data

彩虹橋

電話／03-5463-0224（東京港管理事務所港灣道路管理課）　地址／港區海岸3-33-19　交通／百合鷗芝浦埠頭站下車後步行5分鐘、台場海濱公園站下車後步行10分鐘　門票／免費參觀　步道夏季9：00～21：00、冬季10：00～18：00（最後入場時間為30分鐘前）　休假日／步道為每個月第3週一（逢國定假日隔日休假）

促使江戶成功轉型為東京的橋樑群

Sumida River

隅田川

部分。歌川廣重（國立國會圖書館典藏）

自德川家康以江戶為根據地後，隅田川建設越來越完善，迅速地成為運送物資的大動脈。江戶時代隅田川上只有5座橋，渡船為往來河川兩岸的最主要交通，邁入明治時期後，橋樑才一座接著一座興建。關東大地震發生時，大部分橋樑都遭到波及，災後重建計畫推動後，於昭和初期重新架設的橋樑，積極地引進歐美建築技術，每座橋樑都充滿著獨特設計。直到現在還是隨著時代變化著，隅田川上陸續架起一座座設計新穎的橋樑。

20座非常有特色的橋樑！

由率先架設在隅田川上的千住大橋開始，到計畫於2016年通車的築地大橋，一次為您介紹20座東京的特色橋樑！

❶ 千住大橋 文祿3（1594）年架設在隅田川上的第一座橋樑。松尾芭蕉「奧之細道」的起點。

❷ 千住汐入大橋 因為千住地區都市更新而誕生，橋樑名稱源自於明治～昭和年間往來行駛的「汐入渡船」。

❸ 水神大橋 以「隅田川神社（水神宮）」命名，原本設有「水神渡船」的地方。

❹ 白鬚橋 大正3（1914）年當地有志之士募資架設，需繳交通行費的橋樑，地震災後由東京都政府收購。

❺ 櫻橋 連結兩岸隅田公園的行人專用橋樑，昭和60（1985）年架設。

❻ 言問橋 橋樑名稱源自於「伊勢物語」的在原業平和歌。目前的橋樑為地震災後重建時架設。

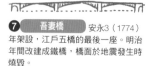

❼ 吾妻橋 安永3（1774）年架設，江戶五橋的最後一座。明治年間改建成鐵橋，橋面於地震發生時燒毀。

❽ 駒形橋 名稱源自台東區側橋樑引道的駒形堂。地震災後重建時架設。

❾ 厩橋 江戶時代右岸設有幕府的馬廄。明治年間架設，需付過橋費的橋樑，後來改建成鐵橋。

❿ 藏前橋 幕府時期廣泛設置米倉而得名。曾經設有「富士見渡船」的地方。

⓫ 兩國橋 寬文元年(1661)年架設在隅田川上的第二座橋樑。連結武藏國與下總國的交通要道而命名為兩國橋。

⓬ 新大橋 為江戶五橋之一，舊橋躲過地震與戰爭災害，目前橋體設計相當新穎時尚。

五種常見的橋樑基本建築型態！

橋樑型態可依建築方式分成六種類型，除剛構橋外，隅田川上共架設五種橋樑。

桁橋
橋墩之間設有桁架結構的橋樑。佃大橋和隅田川大橋屬於箱桁橋，採用箱型結構的橋樑，檢修時人員可進入箱體內。

吊橋
設立橋塔，橋塔之間設置主要鋼纜，再以吊掛在主要鋼纜上的纜線吊掛橋桁，靠纜線拉伸力道支撐結構的橋樑。

拱橋
羅馬時代開始建設的最古老形式橋樑。弓形拱型結構可將橋樑承受的重量轉化成壓縮力道後分散至地盤。
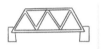

斜張橋
由橋塔拉出數條纜線以吊掛橋桁，靠纜線拉伸力道支撐結構的橋樑。可架設較長距離的橋樑，但是相對地必須建造較長的橋塔。

桁架橋
以結構最穩定的三角形架構組成的「桁架結構」補強橋桁的橋樑。特徵為不易變形，相較於桁橋，可利用較少的構材，打造較長的橋樑。

剛構橋（Rahmen橋）
主桁與橋墩為剛性結構的橋樑。Rahmen德語意思為「結構」。隅田川上橋樑並未採用。

....

開合橋勝鬨橋的結構

橋樑中央可打開成八字型，被譽為「東洋第一座可動橋」的勝鬨橋。落成啟用當時一天開合5次，後來隨著道路交通之增加與船運之減少，昭和45（1970）年以後未曾再開合過。

設有橋樑開合控制室，室外設置階梯。

中央的可動部分開啟情形。

夜間點亮照明，拱型部分為綠色燈，水平部分為藍色燈。

橋樑左右為橋面不可開啟的拱橋。

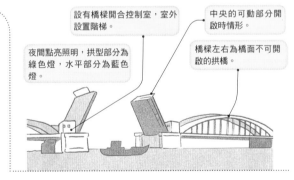

⑬ 清洲橋 以架設在萊茵河上的科隆的大吊橋為設計範本，造型優美的橋樑，已被指定為國家重要文化資產。

⑭ 隅田川大橋 由首都高速公路9號線與一般道路構成，設計造型相當獨特的雙層結構橋樑。曾經設有「中州渡船」。

⑮ 永代橋 以架設在萊茵河上，充滿陽剛氣息的橋本為範本，優美的拱型橋被指定為國家重要文化資產。

⑰ 相生橋 位於隅田川的分流地帶，明治36（1903）年架設，供前往月島側水道之通行。

⑲ 勝鬨橋 昭和15（1940）年完成，可供大型船隻通過的開合橋，昭和45（1970）年以後不再開合。

⑯ 中央大橋 1994年落成啟用。上游橋墩矗立著與塞納河締結姊妹河的紀念雕像。

⑱ 佃大橋 戰後架設在隅田川的第一座橋樑。落成後服役長達300餘年的「佃渡船」走入歷史。

⑳ 築地大橋 預定2016年啟用。車道兩側拱型不再以鋼材連結，成功地打造感覺更開闊的橋樑。

蘊藏豐富多元生物的「奇蹟山林」

Mount Takao

高尾山

由東京都心前往車程約1小時即可抵達的高尾山，據說一年登山人數超過260萬的超人氣山林。海拔599公尺，高度無法媲美海拔一千多公尺的奧多摩山，卻是一座大自然生態豐富多元又充滿變化的「奇蹟」似的山林。就日本的森林分布狀況而言，正好位於暖溫帶常綠闊葉樹林，轉換成冷溫帶落葉闊葉樹林的交界處山裡生長著豐富多元的植物，因此還可觀察到棲息森林中的各種鳥類與昆蟲等動物生態。

造訪植物種類多達1200餘種的茂密森林

高尾山森林由不同種類的自然林構成，南側山坡與北側山坡下方為一年到頭樹葉都綠油油的橡木類等常綠闊葉樹林，北側山坡上部則是日本山毛櫸等，一到了秋天就落葉的落葉闊葉樹林。此外，還有針葉樹林與溪谷森林，甚至還可看到紫羅蘭等日本固有植物種類。

472m

軌道纜車高尾山站

日本最陡峭的軌道纜車路線。單程6分鐘，最多一次可搭乘135人。

462m

座椅式纜車的山頂站

軌道纜車

座椅式纜車

2人座的座椅式纜車，山下車站到山頂站車程約12分鐘，可盡情地享受在大自然懷抱中散步的美好感覺。

Data ············
高尾山
電話／042-673-3461（高尾山口觀光案內所（遊客服務中心） 地址／八王子市高尾町交通／京王線高尾山口站下車後步行5分鐘即可到達登山口時間／軌道纜車於8：00開始行駛，末班車依據星期與季節而定。座椅式纜車於9：00開始行駛，末班車為16：00（5月～11月為16：30）

191m

軌道纜車清瀧站

高尾山口站

座椅式纜車山下站

杉木

杉木・檜木（人造林）
混種杉木與檜木的人造林。5號道路上可欣賞伊豆韮山的代官、江川太郎左衛門栽種，稱為江川杉的杉木林。

高尾紫羅蘭

紫羅蘭
高尾山別名「紫羅蘭山」，包括周邊地區，可觀察到25種紫羅蘭。

山頂

599m

鼯鼠

傍晚時分還可看到在樹木之間滑行的鼯鼠。高尾遊客中心還規劃觀察鼯鼠的行程。

綠繡眼

野鳥

至目前為止，高尾山登錄野鳥已高達百餘種。一年到頭棲息於相同地區的野鳥比較容易觀察，常見鳥類為綠繡眼、棕耳鵯、白頰山雀等。

日本山毛櫸林

尾根山稜線較缺乏日照的北側山坡，相當於暖溫帶的區域為一大片以日本山毛櫸為主要樹種的落葉闊葉樹林。東京都內海拔800公尺以上地區生長山毛櫸類植物是相當難得的現象。

連香樹（人造林）

高尾山山頂附近等地區的落葉樹人造林。早春時節開出感覺很溫暖的紅色花，秋天轉變成黃葉也美不勝收，轉變黃葉時還散發甘甜香氣。

日本常綠橡木

橡木林

以南側山坡為中心，一大片通常生長在暖溫帶的常綠闊葉樹林，常見樹種為日本常綠橡木、白背櫟、槌子櫟、青剛櫟、黑櫟這五個種類。

日本冷杉

針葉樹林

高尾山上自生日本冷杉、赤松、日本榧樹、柱冠粗榧等植物。尾根山稜線地帶可看到一大片特別乾燥的日本冷杉自然林。

大絹斑蝶

昆蟲

山上大量棲息著昆蟲，種類據說高達4000～5000種。可仔細觀察的是蝶類、蜻蜓類、天牛類昆蟲。

瑞木

溪谷林

沿著河谷生長後形成的細長型森林稱溪谷林，常見樹種為楓樹、瑞木等性喜潮濕水邊環境的植物，沿著溪谷的6號登山路線就能看到。

規劃七個登山路線提供觀察自然生態

🐾…路線中可看到的動植物

1號路線
3.8km

登山時間40分鐘
下山時間30分鐘

行經俗稱「表參道」的藥王院院區，可深入了解高尾山歷史與欣賞豐富大自然的路線。
🐾 橡木林、日本山毛櫸林、鼯鼠

2號路線
0.9km

一趟30分鐘

夾著1號路線，繞行山腰地區的南、北側山坡的路線。可觀察到高尾山上兩種截然不同的自然生態。
🐾 橡木林、日本山毛櫸林

3號路線
2.4km

登山時間1小時
下山時間50分鐘

環繞南側山坡似地往上就能抵達山頂的路線。冬季比較溫暖，還可看到吸食花蜜的野鳥。
🐾 橡木林、野鳥

4號路線
1.5km

登山時間50分鐘
下山時間40分鐘

行經北側山坡的路線，四周為大片日本山毛櫸等落葉闊葉樹林，秋季紅葉最美。路線上有吊橋。
🐾 日本山毛櫸林、針葉樹林（日本冷杉）、野鳥

5號路線
0.9km

一趟30分鐘

環繞山頂附近一週的路線，可看到俗稱江戶杉的杉木林、麻櫟、枹櫟等人工林。
🐾 針葉樹林（杉木、檜木）、連香樹

6號路線
3.3km

登山時間30分鐘
下山時間10分鐘

沿著素稱前澤的溪流往上攀登的路線。可觀察水邊生物、植物以及形成高尾山的岩石。
🐾 溪谷林、蝴蝶、蜻蜓

稻荷山路線
3.1km

登山時間1小時30分鐘
下山時間1小時10分鐘

搭乘軌道纜車，從清瀧站旁，行經藥王院後抵達南側稜線的路線。陽光充足，冬季也建議攀登的路線。
🐾 橡木林、雜木林

※能夠觀賞到的植物因季節或當年的氣候狀態而不同，詳情請洽詢觀光案內所。其次，登山時請務必穿著登山用服裝與攜帶相關用品。

明治時代至戰後，乃至現在的東京建築物變遷

　　誠如「火災與吵架是江戶之華[※1]」的說法，江戶（現東京）城裡確實經常發生火災，再加上第二次世界大戰末期美軍空襲，木造建築幾乎被燒毀殆盡，因此，相較於京都，東京的古老社殿佛堂數量可說是少之又少。相對地，明治以後建造，耐火災的紅磚與鋼筋水泥打造建築傑作都集中於東京。近年來，「迎賓館赤坂離宮」已被指定為國家重要資產。目前，東京都內只有兩棟國寶級建築，將來還會陸續誕生。

西洋建築造詣深厚的日本建築家

　　明治2（1869）年，日本首都由京都遷往東京，明治初期，銀座街上出現紅磚建築與瓦斯燈，日本錦繪上也經常描寫該景象，整座城市顯得文明先進又繁華。其次，技術專精的木工師傅率領建造的「海運橋三井組」、「駿河町三井組」等，嶄新建築陸續登場而引發熱烈討論，當時建築的都是融合日式與西式設計，外型奇特的「擬洋風建築[※2]」。

　　有鑑於此，明治政府積極地引進道地的西洋風建築，於明治10（1877）年遠從英國聘請外國建築師喬賽亞康德前往日本，康德透過「鹿鳴館」等設計案，奠定了日本普及西式建築的基礎。

　　繼工科大學（現為東京大學工學系）受教於康德的辰野金吾，於明治29（1896）年完成「日本銀行本行本館」後，國家級重要建築終於都是由日本人一手打造。明治42（1909）年完成的「迎賓館赤坂離宮」可說是集其大成，打

東京建築為何能夠留下許多知名作品呢？

三菱一號館
1894 （明治27年）

喬賽亞康德設計的日本第一座紅磚造辦公大樓。象徵丸之內「一丁倫敦[※3]」的建築。

日本銀行總行
1896 （明治29年）

取代外聘建築師，由日本建築家設計建造的第一座國家級建築。建築外觀鋪貼石材的堅固厚重感，非常符合銀行形象。

造的是無論室內、室外裝飾都充滿道地新巴洛克風格的宮殿。經過明治年間的歷練，日本的建築家已經累積出極為深厚的西洋建築造詣。

從紅磚造到鋼筋混凝土建築

　　一提到明治時代最具代表性的建築材料，最先聯想到的想必是紅磚吧！明治後期鋼筋混凝土建築誕生了，但還不是主流，只是其中極少數個案。明治末期開始設計，大正3（1914）年完成的「東京車站丸之內站體結構」，原計畫也是鋼筋混凝土建築，但是看到凝固前呈黏糊狀態的水泥時，辰野金吾心生疑慮，最後決定改成紅磚建築而留下一段趣聞。

　　大正12（1923）年發生的關東大地震，可說是鋼筋混凝土建築的最重要轉捩點。目睹紅磚建築於大地震中應聲倒下的情景後，鋼筋混凝土建築迅速地取代了耐震性低劣的紅磚建築。

　　地震發生對於建築設計也產生的重大影響。昭和初期，銀行與保險公司為了在人們心中建立起「安心‧安全」的形象，紛紛地採用較普遍的希臘神殿風辦公大樓。昭和9（1934）年「明治生命館」可說就是最具代表性的建築。其次，災後重建計畫高度進展的昭和4～9年，知名建築陸續完工。不再像紅磚建築般處處受到限制，設計上可以更自由自在地表現也是鋼筋混凝土的最大特性。「日本高島屋」（昭和8年）、「築地本願寺」（昭和9年）除採用最先進材料外，還採用和洋折衷設計，甚至是採用印度設計風格，成為充分展現建築家創意設計的知名建築。此外，排除過多裝飾的設計，最具現代建築代表性，於昭和6年竣工的「東京中央郵局」（現為KITTE），就是帶來訊息告訴我們嶄新設計時代即將來臨的建築。

東京中央郵局
1931 （昭和6年）

德國建築家讚不絕口，最具戰前代表性的現代化建築。潔白的外觀，充滿清新感的設計，成為丸之內最耀眼的建築。

築地本願寺
1934 （昭和9年）

建築家伊東忠太發揮無與倫比的創造力而完成的作品。鋼筋混凝土建築普及才可能完成的這麼有特色的建築。

從災後重建到舉辦奧運，逐步邁向現代化

第二次世界大戰末期，歷經昭和20年的東京大空襲，東京地區被燒成一片荒野。戰後重建計畫迅速地展開，現代化建築成為設計潮流，昭和39（1964）年東京奧運，除了成為最具戰後日本象徵的重要里程碑外，更是東京建築史上至為重要的一年。丹下健三設計，採用最獨特懸吊式屋頂的「國立代代木競技場」，成為20世紀深具世界建築代表性的傑作，可說是日本建築成為世界先驅的關鍵性作品。這次奧運為日本留下以「日本武道館」為首，包括「東海道新幹線」、「首都高速道路」等，許許多多支撐日本經濟成長的寶貴資產。撰寫至此，腦海中不由地浮現日本人歡欣鼓舞熱烈參與的畫面。

打造嶄新時代的東京樣貌

昭和末期的泡沫經濟是日本經濟呈現空前榮景的時期。邁入平成時代後依然餘韻猶存，「東京都廳舍」、「江戶東京博物館」等大規模建築相繼完成。緊接著面臨的是長期的經濟不景氣，近年來，因「三菱一號館」復原而引發熱烈討論，位於三菱土地上的丸之內日本橋界隈的三井不動產等，民間主導的都市開發計畫正如火如荼地進行。

東京是建築物推陳出新非常旺盛的城市，但是若更深入地了解明治以後的建築歷史，就會發現東京還保存著非常多高品質作品。話雖如此，近年來，戰後的知名現代化建築還是相繼遭到拆除，文化資產保存成為熱烈討論的議題。東京的都市風景該如何打造呢？將成為日本接下來的最大考驗。

國立代代木競技場
1964（昭和39年）

最具20世紀代表性的知名建築之一。此建築落成後，於現代建築方面，日本成為舉足輕重的國家。

江戶東京博物館
1991（平成3年）

泡沫時期計畫在東京建造的巨大建築物之一。造型獨特，充滿建築家菊竹清訓設計風格的建築，與江戶城天守閣同樣為62公尺高。

東京的博物館 & 水族館

館藏、企劃展、建築、庭園、咖啡廳……

東京23區
個性派博物館MAP

東京都內有為數不少特色鮮明的博物館。
想好好地造訪、逛上一整天的美麗殿堂——

1 東京國立博物館 → P74

2 國立西洋美術館 → P78

3 岡本太郎紀念館 → P80

4 日本民藝館 → P82

5 江戶東京博物館 → P84

6 國立科學博物館 → P86

7 國立新美術館 → P118

8 21_21 DESIGN SIGHT → P119

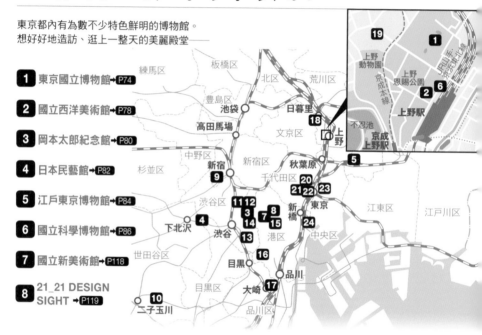

---

9 東京電信互動藝術中心（ICC）

主題為溝通，以採用最尖端電子技術的媒體藝術作品為介紹重點，積極地舉辦工作坊與學術研討會等活動。

10 五島美術館

美術館設立為展示東京急行電鐵創始人五島慶太收藏。以吉田五十八設計的寢殿式建築為設計構想的建物及廣大日本庭園都值得欣賞。館藏包括國寶《源氏物語繪卷》等，多達5000餘件。

11 太田紀念美術館

就浮世繪個人收藏規模而言，世上少見，除欣賞北齋、廣重等知名作家作品外，還可廣泛地了解浮世繪初期至末期的歷史。館藏數高達14000餘件。

12 WATARI-UM美術館

1990年開館以來，持續地介紹世界最尖端的現代美術作品。積極舉辦結合展覽會的大型活動，充實的精品販賣區也頗具魅力的美術館。

13 山種美術館

日本第一座專門收藏日本畫的美術館。館藏數約 1800 件，因豐富的速水御舟收藏而知名。前往並設的咖啡廳，即可享用到充滿展覽會意象的和菓子。

14 根津美術館

除國寶《燕子花圖屏風》外，以實業家根津嘉一郎（第一代）收藏為主，廣泛收集 7400 餘件日本東洋古美術品。還可欣賞館區內佔地寬廣的日式庭園。

15 森美術館

以現代美術為中心，籌劃多采多姿的展覽。位於六本木新城一角的森塔內，開館至 10 點為止，參觀後可於並設的展望台上盡情欣賞東京夜景。

16 東京都庭園美術館

原為昭和 8（1933）年建造的舊朝香宮府邸。館內隨處可見雕琢得美侖美奐的裝置藝術，空間之美吸引不少人專程前來欣賞。館藏數不公開。

17 原美術館

1979 年開館，以現代美術品為主，亦收藏 1950 年代以後的國內外作品，館藏數達千餘件。原本為私人宅邸，充滿溫馨寧靜氣氛的小型美術館。

18 朝倉雕塑館

可接觸到最具近代日本代表性的雕塑家朝倉文夫的豐富作品。建築物原本為住宅兼工作室，隨處可見朝倉品味。2001 年登錄為國家級有形文化資產。

19 東京藝術大學大學美術館

明治 20（1887）年率先於前身東京美術學校設置前即開始收集藝術資料。館藏以過去的教授與畢業生作品為首，收藏以日本近代美術品為主，目前館藏數已累積達 29000 餘件。

20 宮內廳三丸肖藏館

位於皇居東御苑內的宮內廳設施。收藏皇室傳承的繪畫、字畫、工藝品等，館藏約 9800 件，舉辦以館藏為主的企劃展。知名作家作品收藏也很豐富。

21 三菱一號館美術館

明治 27（1894）年坐落在丸之內的東京第一棟辦公大樓的建築物復原後開館。每年舉辦三次以 19 世紀後半至 20 世紀前半的近代美術為主題的企劃展。

22 JP TOWER學術文化綜合博物館 INTERMEDIATHEQUE

日本郵局與東京大學綜合研究博物館相關公共貢獻設施。展覽以東大創辦（明治 10 年）以來累積的學術標本與研究資料為主，進行校際展覽。美麗的展示設計本身也值得欣賞。

23 三井紀念美術館

珍藏三井家自江戶時代以來的四千餘件收藏。主要館藏為茶道具，亦包含國寶與重要文化資產。深具日本昭和初期代表性的西式建築三井本館（已指定為重要文化資產）也是值得欣賞的部分。

24 東京廣告博物館

世界唯一一座廣告相關博物館。收藏範圍廣泛涵蓋江戶時代至現代的看板、錦繪、報紙廣告等 20 萬餘件資料。館內並設廣告專門圖書館，任何人都可使用。

國寶大集合！日本第一座國立博物館

Tokyo National Museum

東京國立博物館

東京國立博物館設於明治5（1872）年，是日本歷史最悠久的博物館。以收藏品與神社等委託保管品構成的綜合文化展最出色。館藏數11萬6000餘件，無論質量都是日本首屈一指，其中包括87件國寶與634件重要文化資產（2016年3月資料）。到東京國立博物館才能廣泛地欣賞繩紋時代至近代的日本美術。除本館展覽外，還有法隆寺寶物館、展示中國與東南亞等國美術品的東洋館、設有考古展示室且經常舉辦特展的平成館等，是讓人不管參觀多久都意猶未盡的展覽據點。經常換展，因此不管造訪多少次還是會有嶄新的發現。

東京國立博物館的國寶

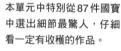

本單元中特別從87件國寶中選出細節最驚人，仔細看一定有收穫的作品。

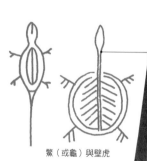

正、反兩側分別區隔成12區塊，以繪畫呈現各種生物與人類生活，此區塊描繪蜻蜓圖案。

鱉（或龜）與壁虎

銅鐸

原本為演奏音樂的樂器，大型化後失去機能，成為儀式用品。

彌生時代（中期）·2～1世紀前
傳香川縣出土 東京國立博物館典藏 全年展出 平成館考古展示室

攜狗獵野豬圖。了解彌生人生活的寶貴線索。

埴輪 武裝男子立像

被指定為國寶的僅有一件埴輪。
武具表現非常精細，很傳神地表
現出古墳時代的武裝實態。

古墳時代‧6世紀 群馬縣太田市飯塚
町出土 東京國立博物館典藏 全年
展出 平成館考古展示室

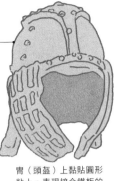

冑（頭盔）上黏貼圓形
粘土。表現接合鐵板的
鉚釘。

右手握住刀柄。
其他埴輪上也可
看到這種握刀手
勢。

左手持弓

注入口表示龍的頭部。眼睛部分鑲
嵌綠色玻璃珠。

龍首水瓶

法隆寺保存的水瓶（裝水容器）。
波斯薩珊王朝（Sassanid）、中國
也有相同形狀的水瓶，證明東西
方經由絲路交流。

飛鳥時代‧7世紀 東京國立博物館典
藏 全年展出 法隆寺寶物館第5室

打開蓋子時狀態。上、下皆長牙，合上蓋子
後相互齒合。

以盤捲著身軀的龍
體為把柄，背部雕
刻龍鱗，腹部雕刻
襞（細褶狀）。

身上雕刻展翅帕格薩斯。融合起源於西洋的
帕格薩斯與起源於東方的龍。

孔雀明王像

專吃毒蛇與害蟲以攝取養分的孔雀神格化後的孔雀明王，幫人類祛除災難而深受敬仰。

平安時代·12世紀
東京國立博物館典藏

明王臉上通常為發怒表情，此明王像表情如同菩薩般慈祥。

手上捧著多產象徵的石榴。孔雀明王也是護祐順產的神明。

將金箔裁切成細線後黏貼，以纖細的截金技巧表現著衣上的花紋。

圖片提供／
TNM Image
Archives

著衣顏色越靠近輪廓線，顏色越明亮，以營造立體感，採用照隈※。處理手法。

朱紅、群青、藍綠等顏料，分別取自辰砂礦、藍銅礦、孔雀石等礦石後研磨成粉狀。

※ 照隈：以比底色更明亮的顏色做出暈染效果。

松林圖屏風

描寫籠罩著霧氣的松林景色，長谷川等伯創作的松林圖。知名繪畫總是充滿著神祕面紗，原本為障屏畫（壁畫、襖繪和屏風）底稿的可能性非常高。

安土桃山時代·16世紀 **長谷川等伯筆** 東京國立博物館典藏 2017年1月2～15日預定於本館2室（國寶室）展出

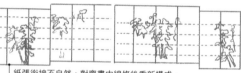

紙張銜接不自然，對齊畫中線條後重新構成，可想像出等伯描畫當時的樣貌。

遠處的松樹較淡，只以墨色濃淡就表現出遠近感與濕潤空氣感。

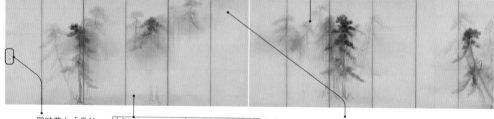

同時蓋上「長谷川」與「等伯」兩種印章，有別於等伯基準的印章蓋法。

描畫地面輪廓的細墨線並未連結，兩者間可能還有其他紙張。

描繪對象的外側以墨塗成外隈的繪畫技巧，使遠景的雪山浮出白影。

八橋蒔繪螺鈿硯箱

尾形光琳創作的許多蒔繪作品之一。描畫八橋與燕子花。描寫『伊勢物語』業平東下※的一個畫面。

燕子花葉片為蒔繪重疊而成。通常如左圖，葉片之間會分別留下空隙。

江戶時代・18世紀 尾形光琳創作
東京國立博物館典藏

燕子花的花瓣係運用螺鈿技巧，以鮑魚殼切割黏貼而成。

下層箱內描繪充滿光琳畫風的波紋。表示搭建八橋的河川水流。

橋部分為鉛，椿柱使用銀。促使鉛表面呈腐蝕狀態，營造橋的古色古香質感。

圖片提供／TNM Image Archives

除底部外，展開五面時，橋與燕子花即清楚連結。

Data
東京國立博物館
電話／03-5777-8600（服務熱線）
地址／台東區上野公園13-9　交通／JR上野站公園口下車後步行10分鐘
門票／620日圓　時間／原則上9：30～17：00 ※因時期、星期幾而不同（最後入館時間為閉館前30分鐘）
休館日／週一（國定假日開館，週二休館）※因時期、星期幾而不同。

建築物也滿載精采設計！

昭和13（1938）年開館，目前的本館為東洋風建築。鋪貼大理石的階梯、鑲嵌的彩色玻璃都別錯過喔！藍綠色穹頂，古色古香的表慶館於明治42（1909）年開館。目前都已登錄為重要文化資產。1999年開館的法隆寺寶物館為設計紐約近代美術館的谷口吉生設計。可從歷史性建築物飽覽至現代建築。

表慶館為設計迎賓館赤坂離宮的片山東熊設計。

※業平東下：在原業平是平城天皇之孫，擅長做詩，格調高雅，廣受平安京內貴族女性仰慕，據說曾帶著高子（陽成天皇的皇后）私奔未果，高子隨即被送入宮中，在原業平被遠遠地流放東國。

77

日本國內僅有的一棟柯比意建築

National Museum of Western Art

國立西洋美術館

令人印象深刻的底層挑空建築入口處

柯比意建築特徵之一，底層挑空設計。以椿柱支撐後形成的空間，入口處就不會顯得太厚重。

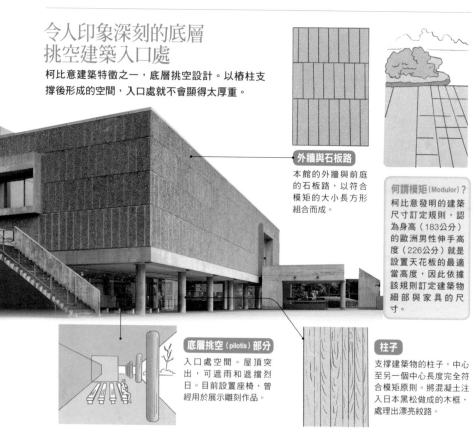

外牆與石板路
本館的外牆與前庭的石板路，以符合模矩的大小長方形組合而成。

何謂模矩（Modulor）？
柯比意發明的建築尺寸訂定規則，認為身高（183公分）的歐洲男性伸手高度（226公分）就是設置天花板的最適當高度，因此依據該規則訂定建築物細部與家具的尺寸。

底層挑空（pilotis）部分
入口處空間。屋頂突出，可遮雨和遮擋烈日。目前設置座椅，曾經用於展示雕刻作品。

柱子
支撐建築物的柱子，中心至另一個中心長度完全符合模矩原則。將混凝土注入日本黑松做成的木框，處理出漂亮紋路。

昭和34（1959）年設立，日本國內僅有的一座專門收藏西洋美術作品的美術館，可透過以中世紀末期～20世紀中葉的近代繪畫、近代雕刻為主的展示，深入了解西洋美術發展。

其次，除館藏作品外，法國建築家勒・柯比意設計的本館建築也非常值得一看。

「MAISONS DOM-INO（以柱、地板、階梯等單純構造為基本單元）」、「近代建築的五要素（底層挑空、屋頂庭園、自由平面、橫長窗戶、自由的建築物正面外觀）」、「模矩」等，清楚地反映出柯比意獨特新時代建築理論。2016年登錄為世界文化遺產。

精密計算的空間

連續出現相似景色的回遊空間、展示品忽隱忽現的坡道等，精心規劃，隨處都能欣賞作品的設計巧思。

光廊

位於2樓展示室，安裝玻璃的廳室，由屋頂引進自然光線的空間（光廊）。柯比意構想應該是採用自然光，但美術館為了維護美術作品而使用日光燈。

獨立柱

不砌牆，以柱子支撐建築物，可使空間更自由的設計。柱子直徑分別為2樓55公分，1樓60公分。

回遊式空間

2樓展示室設計從任何方向看都很相像，轉角處景色也一樣。可沿著視野絕佳的迴廊盡情地參觀。

符合模矩規則的高度

2樓展示室的天花板包括較高與較低部分，較低部分是符合模矩規則的226公分，較高部分則是增加看臺地板厚度後，設計成2倍高度。

看臺

可由2樓展示室的看臺俯瞰陳列著雕刻作品的大廳。

坡道

柯比意建築結構特徵之一。1樓與2樓以平緩的坡道連結，參觀者可邊移動腳步，邊慢慢地欣賞空間變化。隨著參觀者移動位置，展示品忽而隱藏，忽而出現也充滿趣味性。

Data

國立西洋美術館

電話／03-5777-8600（服務熱線）
地址／台東區上野公園7-7　交通／JR上野站公園入口下車後步行1分鐘
門票／430日圓（企劃展門票另訂）
時間9：30～17：30（冬季期間～17：00，週五～20：00，最後入館時間是閉館前30分鐘）　休館日／週一（逢國定假日開館，週二休館）

畫室與庭園都保持當初的樣貌！

Taro Okamoto Museum of Art

岡本太郎紀念館

昭和29（1954）年開始至去世為止，都被岡本太郎當作據點的住宅兼畫室，作為紀念館開放參觀。小小的空間裡始終保持著太郎生前的樣貌。岡本太郎留下的大部分作品，分別送往川崎市的岡本太郎美術館等設施展示，來到此紀念館則是可感覺他生前的足跡與汲取創作能量。太郎相關企劃展每年約舉辦三次，也很值得期待。以混凝土磚堆砌而成的建築物為好友坂倉準三設計。據說設計時太郎表示過意見的則是畫室朝北設置的大窗。

依稀還能聽到呼吸聲的畫室

直到晚年，一輩子都埋頭創作的畫室，到現在都還保持著太郎創作時樣貌。擺滿太郎用過的顏料、畫筆以及畫作半成品的空間。

獨特的顏料

1970年代中期，太郎曾經與畫具製造商合作，製作不需要調色就能使用的顏料。

悄悄地擺在工作室裡的高爾夫球具

太郎很喜歡打高爾夫球，據說創作空檔會在庭院裡練習。

當初還在使用的畫筆與畫具

畫筆與畫具都保留正在創作的樣貌。在大面積畫布上作畫，可能將好幾支刷子疊在一起使用。

鋼琴

少年時代太郎也曾考慮過當音樂家，在畫室裡也經常彈奏相當擅長的鋼琴。從古典音樂到爵士樂都擅長，最喜歡的是莫札特的創作。

客廳也是太郎的世界

太郎喜歡以自己的作品裝飾生活周遭環境,從椅子到餐具,擺滿自創作品的客廳也維持著當時樣貌。

會變換不同穿著打扮的人體模型

64歲時,太郎曾委託製作人體模型的公司,製作酷似自己身形的人體模型,留下一段可一窺太郎好奇心的佳話。據說會配合季節換上不同的穿著打扮。

手掌造型的座椅

太郎本人也很喜歡《手掌造型座椅》。紀念母親岡本Kanoko的法會上也會擺放的物品(!)。

生命之樹

墨西哥工藝品,生命之樹。1960年代末期,為了創作《明日的神話》而造訪墨西哥時,由當地帶回日本。起居室裡擺放的物品中,只有這一件物品不是太郎的作品。

擺滿作品與植物的庭園

房子剛蓋好時空無一物,闢建庭園後,太郎的立體作品創作更為爐火純青,包括太陽塔在內的立體作品都是在這裡創作。太郎不喜歡太中規中矩的庭園,植物可能隨時從某個地方冒出芽來。

Check!

能夠遇見比例1/50的《太陽之塔》!

一起來尋找作品吧!

庭園裡琳琅滿目地擺放著雕刻、椅子及時鐘等作品,數量高達37件(作品可能更動位置)!

維持自然生態

太郎不喜歡整理庭園。植物恣意生長後,很快地形成作品在植物間捉迷藏的狀態。

充滿南國印象的植物

紀念館所在地的南青山,那裡有太郎與父母親住過的家,是太郎成長的地方。當時庭園裡種著棕櫚樹,因此太郎也憑著記憶種了棕櫚樹,栽種的芭蕉與蕨類也長得很茂盛。

(Data)
岡本太郎紀念館
電話/03-3406-0801 地址/港區南青山6-1-19 交通/東京懷舊銀座線、千代田線、半藏門線表參道站下車後步行10分鐘 門票/620日圓 時間10:00~18:00(最後入館時間為閉館前30分鐘) 休館日/週二(逢國定假日開館)

日常用品上發現的美麗元素

The Japan Folk Crafts Museum

日本民藝館

思想家柳宗悅經常從一般人日常生活中使用的日常用品上找到美麗元素，將沒沒無聞的職人們創作的庶民工藝品取名為「民藝」，接著又結合陶藝家濱田庄司、河井寬次郎力量，於昭和11（1936）年開設日本民藝館，作為推廣該嶄新理念的據點。柳以獨到審美眼光收集的收藏品廣泛涵蓋及陶瓷器、染織品、木漆工藝品、繪畫、金工藝品等領域，地區方面除收藏日本作品外，還延伸到國外。館藏數高達17000餘件。積極舉辦以「民藝品的蒐集與保管」、「民藝相關調查研究」、「民藝思想的普及」、「展覽會」等為主軸的活動。西館為柳宗悅生前居住的建築物。

柳宗悅的選擇

柳宗悅以獨到眼光收集的工藝品數高達17000件。本單元介紹的是從中挑選出最具日本國內外代表性的物品。

衣襟周邊裝飾

先以白色紙搓繩完成編織，再加入黑色與有顏色的線織出各種花樣。織成植物圖案，並無特別意思。

胡桃木皮

長長地垂掛著染成黑色的木皮，也會使用名叫大葉藻的藻類。

椴樹皮

纖維強韌，亦可處理成布料的椴樹皮。大量垂掛著椴樹皮，做成輕盈又保暖的羽織（和服外掛）。

簑衣（伊達簑）

男性為女性製作的外穿簑衣。胸前加上漂亮裝飾的外出類型之一。

昭和10年
青森縣南津輕郡大光寺村
高 134cm × 寬 42cm

穿法

套穿後綁緊胸前的線繩。原本為遮擋風雨以保護身體的雨衣，長度只夠覆蓋背部。

白掛綠黑流抱瓶

順著腰部形成圓弧狀
形成圓弧狀以便肩背時很服貼地靠在腰部。

抱瓶是由中國或朝鮮傳入沖繩，地方貴族士紳使用的攜帶用酒器。現在，不再發揮攜帶作用，通常單純當做酒器或裝飾。

19世紀 沖繩線壺屋

高 11.8cm× 寬 20cm

曾經競相比美的圖案
曾經帶著抱瓶進行過「抱瓶比賽」，因此，除描繪圖案外，還可看到鑲嵌、線雕等各種裝飾技巧。

穿繩孔
將繩穿入左右的穿繩孔後即可肩背使用。

染付秋草文面取壺

柳宗悅因為這個器具而開始關注朝鮮的陶器。入手時已呈現經久使用的狀態，上方部分也遺失。

18世紀前半 朝鮮半島

高 12.8cm× 寬 11.8cm

穩重大方的表現
以流暢筆觸描畫菊花。

原本為瓢型
原本應為雙層結構，上層已遺失。柳宗悅入手時早已遺失，因此實際形狀不明。

調味料殘留痕跡？
據推測可能裝過醬油或其他調味料的痕跡，該痕跡讓作品看起更耐人尋味。

愛不釋手而旅途中隨身攜帶
這是柳宗悅於英國往美國的旅途中，在英國發現後入手的器具。因為很喜歡，希望隨時擺在手邊，因此，不喜歡放入大行李箱，前往美國途中一直帶在身上。

使用過的光澤
呈現鞣革般漂亮光澤感。這種光澤足以證明此器具曾被當做烤派餅用具。

施釉陶器大鉢(Slipware)

以泥狀化妝土（Slip）為裝飾的陶器。世界各地都能見到，柳宗悅對於英國的作品感覺最深刻。

18世紀 英國 直徑 40.8cm

Data

日本民藝館
電話／03-3467-4527　地址／目黑區駒場4-3-33　交通／經王景頭線駒場東大前站下車後步行7分鐘　門票／1100日圓　時間／10：00～17：00（最後入館時間為閉館前30分鐘）　休館日／週一（逢國定假日開館，週二休館）

透過模型體驗江戶時代的生活

Edo Tokyo Museum

江戶東京博物館

可學習到江戶時代至戰後，江戶・東京變遷相關知識的博物館。館內大量展示這個城市的獨特變化與人們生活情形相關資料。常態性展出分為東京區與江戶區，令人印象較深刻的還是江戶區，其中以寬為實物大小（4間2尺＝約8公尺），長為原來一半（14間＝約25公尺）

的「日本橋」氣勢最令人懾服。2015年進行全新改裝時增加展覽廳室數的江戶「棟割長屋」[※1]也是實物大小的模型。室內配置生活起居用品，栩栩如生地傳達著當時的生活情景。其他如棒手振（挑擔沿街叫賣）的扁擔、江戶時代的消防組織旗幟等，可親自體驗的資料也不勝枚舉。

可透過縮小比例的模型感覺城市規模

連細部都做得維妙維肖的町人地[※2]。相較於相同比例（1／30）的大名屋敷模型，最驚人的是相當於一處屋敷裡容納的龐大店鋪與民宅數量。另一方面，江戶城模型比例為1／200。若製作成1／30比例，那麼，將製作出直徑長達40公尺的龐然大物。

寬永年間的町人地[※2]

17世紀中期 6樓

日本橋附近的城市復原後樣貌。圖中下方為日本橋，上方為神田方面景象。最有趣的是從來往行人的氛圍等，就能看出商人活動區域的日本橋與職人活動區域的神田之差異。

天水桶

屋頂上設桶以貯存雨水。江戶城經常發生火災，貯存雨水的主要目的為防火。

3層樓建築

雖然是町人地卻已經建造三層樓建築，這是江戶時代初期的城市特徵。不久後，町人地的建築物就被限制只能蓋到2樓的高度。

江戶的商業經營狀況

採用俗稱棒手振，非常普遍的交易方式，將蔬菜或魚類等買賣物品擺在簍子裡挑著沿街叫賣。

目前的日本橋三越地區

江戶時代初期就已經是行人與貨物頻繁交易的商業城市。

※1 棟割長屋：由橫方向的大樑下方砌一道牆，將建築物隔開成背面相對的前後棟的連棟式建築。
※2 町人地：配置在城外的商業區與職人的活動區域。

棟割長屋示意圖
可供一位職人生活起居。客廳面積為榻榻米4.5疊（約2.2坪）的房子3戶，6疊（約3坪）的房子2戶。

木工師傅的住處
用心整理的小房子，工作、生活用品都在同一個起居空間裡。

公共空間
居民共用空間的一角，設置水井與稻荷神※1。

長屋景象

曾為庶民廣泛居住的建築，被稱為「九尺二間的棟長屋（連棟建築）」，間口9尺（約2.7公尺），深度為2間（約3.6公尺），通常為4.5疊的房間。

棟割長屋

`江戶後期 5樓`

由屋樑前後砌牆隔間的連棟式建築。屋頂鋪蓋薄木片，建築資材大多為木料與紙張。

外食天堂&江戶的屋台

江戶街角上常見的屋台（路邊攤）。家裡不做飯也沒關係，花點小錢就能裹腹，庶民的最堅強夥伴。

蕎麥麵店用&壽司店用屋台

`江戶後期 5樓`

充滿收納巧思的蕎麥麵店用屋台，齊備江戶前用料（食材）的壽司店用屋台。壽司也是江戶時代庶民的食物。

壽司店用屋台

除鮪魚外，都是江戶前就有。每貫分量大於現在的壽司，使用紅醋，因此壽司飯部分為紅色。

蕎麥豬口※2　　**丼碗**

筷子

釜鍋

蕎麥麵

竹簍

蕎麥麵店用屋台

以正中央的棍棒挑擔沿街販賣。充滿驚人的收納巧思。

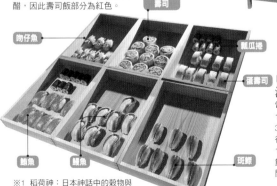

鮮蝦雞蛋壽司

吻仔魚

瓠瓜捲

蛋壽司

鮪魚　　**鰻魚**　　**斑鰶**

`Data`
江戶東京博物館
電話／03-3626-9974　地址／墨田區橫綱1-4-1　交通／JR總武線兩國站西側出口步行3分鐘、都營地下鐵大江戶線兩國站下車後步行1分鐘　門票／600日圓　時間／9：30～17：30（週六～19：30。最後入館時間為閉館前30分鐘）　休館日／週一（逢國定假日開館，週二休館）

※1 稻荷神：日本神話中的穀物與食物神，祈求豐收好運的神明。
※2 蕎麥豬口：裝蕎麥沾醬的容器

85

氣勢磅礴可感受生物進化的展示

National Museum of Nature and Science

國立科學博物館

> 來到這座博物館裡已經五十多年了。

象徵宇宙史、生命史、人類史

地球館1樓「地球史導覽」的「大事紀平台」展出，以坎波德爾謝洛鐵隕石（Campo del Cielo Meteorite）象徵宇宙史，以異特龍象徵生命史，以同步氣象衛星象徵人間史，展示著相關資料。平台周邊隨意雕刻著刻度，事實上，一刻度單位＝1億年。

日本第一座恐龍骨骼標本

昭和39（1964）年於國立科學博物館公開展示的異特龍，除頭部外，幾乎都是實物化石，極難能可貴的標本。

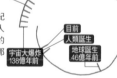

1刻度＝1億年

1刻度＝1億年

仔細觀察雕刻在大事紀平台上的刻度，對於人類誕生的700萬年前的感覺就像「一剎那間！」。

目前
人類誕生
地球誕生
46億年前
宇宙大爆炸
138億年前

隕石年齡＝太陽系年齡

1576年於南美發現的坎波德爾謝洛鐵隕石。形成年代約46億年，形成年代與包括地球在內的太陽系相同。

明治10（1877）年創立的綜合科學博物館，兼具自然史與科學技術史相關核心研究機構等功能，館藏數超過400萬件。除上野外，還包括附屬於港區白金台的自然教育園區、位於茨城縣筑波市的實驗植物園。上野本館的綜合展示主題為「以人類與自然共存為努力目標」。

由地球館與日本館構成，2015年依據最新研究，進行過地球館展示部分改裝。全新展示部分也屬於可邊參觀、邊充實相關知識的體驗型。時而觸控畫面，時而聽聽解說，軟硬體設備完善的展示，連大人們也不由得沈醉於其中。

恐龍變得不一樣了！

地球館地下1樓的「探究恐龍之謎」展示，最大特徵是反映出最新恐龍相關研究成果。相較於過去的展示，暴龍的姿勢顯得很不一樣。

擺出伏擊姿勢的暴龍

擺出下蹲伏擊姿勢的暴龍，國立科學博物館領先於世界各國，於2011年舉辦的特別展中公開。暴龍標本展示時，通常為站姿，這次復原的姿勢有別於過去。

三角龍並未擺出弓形腿姿勢

走路時膝蓋往外擺出弓形姿勢，但最新研究發現，三角龍的膝蓋是伸向身體的下方。

氣勢十足的剝製標本展示空間

地球館3樓的「奔馳於大地的生命」展示，並排著100具以上的剝製標本，栩栩如生的樣貌，有別於動物園裡的呈現方式。

原本為夏威夷實業家的收藏

展示的剝製標本大部分為夏威夷的日裔實業家，故Watson Toshinori Yoshimoto於世界各地狩獵後收集。1997年透過夏威夷的私人博物館捐贈。

展示標本中不乏瀕臨絕種的動物

仔細地找就會發現日本碩果僅存的3具日本狼中的其中一具標本，以及曾經為上野動物園超人氣貓熊飛飛、童童的標本。

每年燻蒸消毒一次

剝製標本大敵為害蟲。每年6月下旬休館進行一次燻蒸消毒。

（Data）

國立科學博物館

電話／03-5777-8600（服務熱線）
地址／台東區上野公園7-20　交通／JR上野站公園入口下車後步行5分鐘
門票／620日圓　時間／9：00～17：00（週五～20：00），最後入館時間為閉館前30分鐘）　休館日／週一（逢國定假日開館，週二休館）

以多采多姿的演出彌補佔地面積較狹小的缺憾

Urban aquarium

都市型水族館
陽光水族館·墨田水族館·AQUA PARK品川水族館

讓大水槽顯得更壯觀的設計巧思

Sunshine Lagoon 陽光水族館

陽光水族館裡的最大水槽，相較於日本最大規模的沖繩美麗海水族館「黑潮海」的巨大水槽（寬35公尺、縱深27公尺、水深10公尺），使用水量只有三十分之一左右，但是因為水槽、人造岩石形狀與照明顏色深淺等設計，成功地營造出放大效果，讓人一站在水槽前就由然產生「置身於東京都心，感覺卻像面對著大海」的感覺。

隱藏柱子的人造岩石
以FRP（樹脂）做成的人造岩石，覆蓋住大樓必要結構的兩根大柱子，人造岩石附近照射淺綠色燈光，讓水槽的一角看起來像佈滿岩石而顯得比較陰暗的海面。

降低後方設施的能見度
牆面塗刷成深綠色，降低後方燈光亮度，使用比較暗的藍色系，降低水槽牆壁的能見度，看起來像深不可測大海的設計巧思。

營造縱深感的水槽形狀
拆除水槽內正面的地板，將上下深度處理到最大限度。採用飯糰形狀的水槽，構造上越往後方越窄，再加上地板部分越往後方越高，以白沙形成坡度，成功地營造出縱深感，亦具備節約用水量效果。

讓人覺得「水」真正地流動著
往水槽前方的水面上照射白色直進性光線，讓光線與水的波動映照在水槽的地板上，成功地在眼前營造出水中感與浮游感。

白砂與虹魚
利用白砂使海底產生閃耀感。放入白砂後很快就會長青苔而污染水槽，將水槽用於展示虹魚，虹魚擾動白砂，就能抑制青苔生長繁殖。

1.8m

2.3m

9.6m

13m（直線12m）

由於過濾裝置、水質控管及大型生物搬運等技術越來越先進，都心與內陸地區終於也能設置水族館，欣賞水族世界。話雖如此，相較於更方便收集、搬運魚類，更容易取得海水靠近海邊的水族館，都市型水族館確實受到較多的限制，再加上設置在超高樓或複合設施內，更加受到大樓結構上絕對無法拆除的大柱子、天花板高度、可使用總水量等限制。幸好都市型水族館逆勢操作，透過各種解決辦法，成功地彌補面積狹小與坐落地點限制等遺憾，設法以精湛的演出、燈光及音響效果，打造療癒為生活疲於奔命的大人們，放鬆的極致空間。

開在洞窟裡的花朵 陽光水族館

飼養紅色與黃色的柳珊瑚、Dendrophyllia arbuscula 等珊瑚的同類，利用人造岩石與燈光，將寬3.6公尺、高1.5公尺，面積不算寬敞的水槽，佈置得縱深感十足，形狀酷似洞窟，美得像一幅畫。

水槽內部距離感原本因光折射而縮短為陸地上三分之二，因此，水槽看起來比實際狹窄，無法具體展現水槽內演出。

運用遠近法而充滿迷人魅力
裝飾時巧妙運用遠近法。透過人造岩石大小、位置、塗裝色彩等處理巧思，讓人產生視覺上錯覺，打造深不可測的洞窟。

照明巧思
利用顏色或往人造岩石上打光，使正前方更明亮，再往最裡側空曠地帶投射較暗的藍色透射光，成功地在兩個區域間營造出縱深感。

Check!

確保天然海水

陽光水族館用水幾乎是100％的天然海水。一次大約購買20噸海水。

善加利用定期於八丈島卸貨的船隻，汲取靠近海面的黑潮海流海水，作為壓艙水以便船隻平穩行駛的海水。

通常，船隻抵達港口後就會放掉壓艙水，這裡的水族館則是於船隻抵達港口後，由卡車接駁，將海水運送進水族館的貯水槽。

耳帶蝴蝶魚水中遨遊 陽光水族館

寬2.5公尺、高1.8公尺，無縱深度的細長型水槽，後方水槽牆壁使用透明壓克力玻璃，可清楚地看到大型水槽「Sunshine Lagoon」背景。

向大型水槽借景
透過人造岩石配置與形狀鋪陳，讓兩個水槽看起來像融為一體，宛如一座大型水槽。另一方面，讓廣受歡迎的美麗蝴蝶魚在參觀者眼前來回穿梭。

MEMO 日本第一座水族館誕生於東京。明治15（1882）年設於上野動物園內的「觀魚室」就是日本第一座水族館。以營利為目的的企業水族館，在墨田水族館跟前的淺草呱呱墜地。

89

由任何角度欣賞都賞心悅目

企鵝館 墨田水族館

水槽上方為挑高設計，2樓就是水槽上方，水槽旁設置斜坡道，走在1樓坡道上可抬頭仰望水面，精心規劃參觀路線，可環繞水槽參觀。墨田水族館的水槽數不算多，但透過縝密規劃後，可從各個角度欣賞，讓每一個水槽的觀賞樂趣大幅地提昇好幾倍。

水槽大小
墨田水族館裡最大的水槽為寬24公尺、縱深14公尺、水深0.8～1.7公尺、水量350噸。

— 人造岩石後方為海獅館

斜坡道由水槽上方不間斷地延伸至下方，參觀路線流暢，可從上、側面、下盡情欣賞企鵝的一舉一動。

隔著人造岩時，部分區域成為「海獅館」範圍，但是水槽幾乎360度都可欣賞。

餵食時間
飼育人員可清楚分辨48隻企鵝，餵食後就會呼叫企鵝名字，確認企鵝吃食分量。每天餵食三次，時間不公開。

光雕投影
野生狀態下麥哲倫企鵝會追逐分發光的小魚。水族館裡的企鵝也會做出追逐光影的動作，因此，限定時間展開光雕投影，既可成為賞心悅目的光雕秀，又能解決企鵝運動不足的問題。

丙烯酸玻璃
採用素材為加工性、耐衝擊性、透明性俱佳的水槽。管狀、隧道狀、大型水槽等，各種形狀、規模、特色的水槽之誕生，完全是拜丙烯酸玻璃成功研發之賜。

游泳的企鵝
或許是飼育人員經常在餵食場所等催促企鵝進入水中的關係，這裡的企鵝很擅長於游泳。採用結構獨特的水槽，因此可廣泛地從各個方向欣賞企鵝游泳的可愛模樣。

（**Check!**）

100%人工海水
墨田水族館是關東地區第一座100%使用人工海水的水族館。水都是過濾處理後再利用。

麥哲倫企鵝
煙火（♂）
麥哲倫企鵝胸部有兩條黑線，煙火是2013年於墨田水族館出生。
體重 3.85kg
游泳速度 12km/h

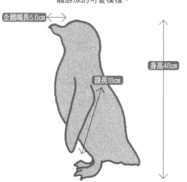

企鵝嘴長5.6cm
身高48cm
蹼長18cm

人工海水素材溶入水中即可做成海水，需要時才調配必要分量，因此，不需設置大型貯水設施，可大幅降低搬運天然海水的成本，且比較衛生，真可謂好處多多。

日間場演出時也會利用天窗照射進館內的自然光。

聲光演出

The Stadium AQUA PARK品川水族館

東京都內最大規模海豚表演舞台。配合海豚動作，運用水、光、聲等效果，展現出精采絕倫的表演。常態性演出分為日間場與夜間場，每年還會隨著季節與活動變更好幾次演出內容。

360度環繞水池設置1211個座位。

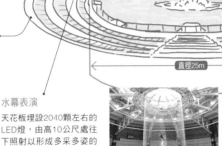

直徑25m

水深5m

水幕表演
天花板埋設2040顆左右的LED燈，由高10公尺處往下照射以形成多采多姿的水幕表演。每次演出使用水量約3噸。

高難度的海豚表演動作
太平洋斑紋海豚、瓶鼻海豚、偽虎鯨，總共有8隻鯨豚擔綱表演。日間場還安排全身濕淋淋的海豚進行噴水表演。

由設置在天花板上的100餘顆LED燈與搖頭燈照亮空間。

牆壁與天花板鋪貼鏡子
牆壁與天花板鋪貼鏡子使空間顯得更寬敞。鏡子反射使照明與水槽產生萬花筒般效果，再加上水母的柔美動作，整個空間充滿著浮游感。

寬9m

縱深35m

Jellyfish Ramble（水母悠游區）

AQUA PARK品川水族館

展示區中最大空間裡設置7座高約2公尺的原柱型水槽與symbolic水槽，常態性展示3～5種水母。此區域也會配合日夜間演出與活動，改變展示主題或演出內容，為再次前來參觀與各世代遊客規劃更豐富精采的表演。

隔壁的「珊瑚咖啡吧Coral Cafe Bar」也販賣酒類商品，邊喝邊參觀也OK。

海月水母、藍色水母、珍珠水母等經常更換展示。

配合季節更換展示
常態性展出（上）與期間限定活動（下）等，展出氛圍截然不同。期間限定活動時，展示空間會加上櫻花、煙火、萬聖節等裝飾以營造季節感。

非常有特色的展出

AQUA PARK品川水族館 墨田水族館

水母的壽命很短，館方自行養殖以維持展出的水族館也不少。本單元將介紹水母的繁殖、飼養、換水等培育過程了解飼育員的工作，透過直接面對交談話題一定非常有趣。

1 培養浮游動物以提供水母食用。

2 製造適合水母使用的人工海水。

3 邊控制溫度、邊保存水螅蟲等浮游生物的冰箱。

參觀館方的養殖設施

以海葵般型態附著在貝殼或岩石上生活的時期、邊在水中浮游邊生活的時期，飼養海月水母過程可大致分成這兩個時期。透過水族實驗室（aqua-lab）就能一睹水螅蟲增生，由碟狀幼體（ephyra）演化為成蟲的過程。

海月水母的生命週期

成體水母　受精
浮游生活
碟狀幼體　浮浪幼蟲
橫裂體　水螅蟲
附生生活

4 能夠以日為單位觀察海月水母的成長過程。

5 除海月水母外，也繁殖其他品種水母，展示小個體。

6 飼養五週大海月水母的水槽。水母為浮游生物，經常在水槽裡形成水流。

7 這裡也是依成長期分別飼養於不同水槽裡，飼養2～4週的水母（可能依時期而變更）。

Inter live area AQUA PARK品川

常態性展出採用世界首創結合水槽與穿透型液晶面板（觸控面板）的展示方式。採用可邊透過觸控面板操作，邊藉由動態畫面學習展示魚種相關資訊的參與式展覽。

葉形魚

觸控面板上呈現落葉紛飛影像。

用手掃開畫面上的落葉，找出躲在葉子底下的魚。

找到魚後，觸控畫面上的魚，落葉就一掃而空，面板後方水槽裡的魚就會出現。

有毒生物

觸控游泳中的藍環章魚與長尾革單棘鲀等影像

有毒生物特有的繽紛色彩與紋路在畫面上擴散開來

骷髏頭出現後畫面消失，出現單斑籃子魚等有毒生物。

Sunshine Aquarium 陽光水族館

廣泛植栽而綠意盎然，可仰望遼闊天空的屋頂上展示空間。抬頭仰望還能看到聳立在四周的高樓大廈群。置身於都會區裡的寬敞舒適景致中，海獅就在頭頂上的沁涼池水裡游泳，最能展現設施訴求——「天空綠洲」的展示。

以綠樹、天空、高樓建築為背景，宛如在天空中翱翔的海獅。

浮在高2.3公尺處，直徑8公尺（內側為6公尺）的空中水槽。位置高於頭頂，感覺陽光更燦爛耀眼。

連結陽光水族館與海獅水槽的通道。通道上沒有水，海獅都是以步行方式移動。

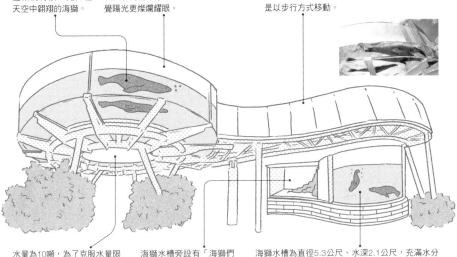

水量為10噸，為了克服水量限制問題，排除圓柱型設計，甜甜圈狀水槽因此誕生。

海獅水槽旁設有「海獅們玩耍的沙灘」。佈置成野生狀態下的環境。

海獅水槽為直徑5.3公尺、水深2.1公尺，充滿水分子團感覺的圓柱型水槽。坐落在水泥建築環繞的環境裡，但空氣和水都處理成最適合海獅的狀態。

	陽光水族館	墨田水族館	AQUA PARK品川
開館啟用	2011年8月重新開館	2012年5月22日	2015年7月10日
總樓地板面積	約7765平方公尺	約7800平方公尺	約11535平方公尺
使用水量	約770噸	約700噸	約4670噸
大水槽	240噸（Sunshine Lagoon）	350噸（企鵝區）	870噸（隧道水槽）
飼養數量	約450種 15000隻	約260種5000隻	約350種2萬隻
表演種類與次數	約6個種類 1天約20次	–	4種類
電話號碼	03-3989-3466	03-5619-1821	03-5421-1111（語音導覽解說）
表演時間	10：00～20：00（11月～3月：～18：00）	9：00～21：00（視季節而變動）	10：00～22：00（視季節而變動）
休館日（維修等休館時間另行通知）	全年無休	全年無休	全年無休
地址	豐島區池袋3-1 sunshine city World Import Mart大樓樓頂	墨田區押上1-1-2（東京skytree town solamachi 5、6樓）	港區高輪4-10-30（品川王子大飯店內）
交通	JR池袋站下車後步行10分鐘、地下鐵有樂町線池袋站下車後步行5分鐘	東武晴空塔線東京晴空塔站、京成押上線、地下鐵半藏門線、淺草線押上站下車後即到達	JR京浜急行線品川站下車後步行2分鐘
門票	2,000日圓（全年入園護照 4,000日圓）	2,050日圓（全年入園護照4,100日圓）	2,200日圓（全年入園護照4,200日圓）

德川家康於江戶創建幕府後，開始整頓五街道，再以該處為起點奠定日本橋建設基礎。日本橋名稱並無確切的由來，因為是日本街道的起點，自然地稱之為日本橋，後來才成為正式名稱。

江戶時代架設日本橋時，河川寬度絕對大於目前。因此，河岸邊都砌上石牆，石牆堆疊到河面上，然後在石牆上架設長約68.5公尺的木橋。木橋不耐火燒，頻繁地發生火災，因此，日本橋也數度遭遭殃，江戶時代就重新架設過十多次。

不慎在橋上跌倒，一定會被踩踏到，日本橋曾經如此繁榮

日本橋北詰設有魚河岸，橋周邊經常擠滿魚販與買魚顧客而熱鬧非凡。其次，從日本橋就能看見江戶城與富士山，因此，浮世繪等繪畫作品經常以熱鬧的日本橋、江戶城、富士山三點為構圖，表現「花之江戶（繁華江戶）」的繁榮景象。另一方面，南詰則有設立告示牌以宣達幕府政令的高札場，以及斬首處決犯人的刑場。

目前的日本橋係明治44（1911）年以花崗岩打造的石橋。關於橋樑設計曾經出現過應以傳統建築方式蓋成木橋，與應蓋成西式橋樑兩種意見的雙方論戰。最後決定採用西式建築結構，但是橋欄保留傳統加上擬寶珠（洋蔥型裝飾），再施以獅子與麒麟裝飾，順利地完成和洋折衷的建築外觀，融合古老傳統與先進建築風格，整體設計美侖美奐的橋樑。昭和39（1964）年，配合東京奧運之舉辦，建造首都高速公路，日本橋一度被封橋，首都高速公路移設他處後，開放日本橋的議題等又被提出。直到現在，日本橋還是江戶子（東京人）的驕傲。

江戶子最引以為傲的「日本橋」今昔

「江戶八景 日本橋晴嵐」（溪齋英泉畫／國立國會圖書館典藏）。橋上擠滿魚販與載貨車輛等而熱鬧非凡。日本橋的欄杆加上擬寶珠（金屬材質的洋蔥型裝飾），展現幕府架設「公儀橋」的威儀。

目前的日本橋。橋長49公尺，寬27公尺，親柱上的獅子腳上緊抓著東京市章。

第 3 章

日本傳統藝術「歌舞伎」、「落語」以及國技「大相撲」。
進入精心規劃打造的建築物裡，以非常生活化的方式體驗東京特有的日本文化！

東京文化

繼承傳統的建築與參觀歌舞伎的基本禮儀

Kabuki-za Kabuki

歌舞伎座 & 歌舞伎

公演內容 廣告傳單為寶貴的資訊來源

擺放在歌舞伎座等設施的廣告傳單上，濃縮記載著劇目、演員、演出日期、門票、門票購買方式等公演相關資訊。通常，日間場與夜間場會並排記載3～4個劇目。

所作事

舞蹈劇演出。原本是專為女性演員編排的劇目，後來漸漸地演變成立役（站著的演員或男人角色）也一起跳舞的形態。

世話物

描寫江戶時代町人（商人）社會生活百態的戲劇，亦即當時的「現代劇」。可看到納入話題事件與流行風俗等編排巧思。

時代物

統稱描寫武家社會的劇目。以實際發生過的事件為題材，通常會改變時代設定與登場人物姓名等做出不同的編排。

演出者與配角

並排記載演出者與配角的姓名。演出者姓氏省略，僅記載名字。

二～三部制

通常為日間場與夜間場的二部制。8月份的納涼歌舞伎或特別狀況下可能採用三部制。

位 於東銀座的歌舞伎座，幾乎每天（每個月25天。月底～月初為休演日）都會有歌舞伎演出，日本唯一的劇場。戮力傳承江戶歌舞伎傳統至今，歷史相當悠久的演藝空間。通常由3～4個長短適度的劇目構成演出，因此，即使第一次欣賞歌舞伎演出的人也能輕鬆愉快地欣賞。利用只欣賞一個劇目的幕見席（僅限當日券），即可不限次數地欣賞喜歡的劇目。其次，兩個劇目之間，可於座席上吃便當或逛商店，江戶時代一直流傳至今的看戲方式。2013年重新改裝開幕後，並設屋頂庭園、歌舞伎座藝廊、木挽町廣場等，增加許多可趁觀賞戲劇前後空檔參觀遊樂的設施。

第五代歌舞伎座建築

目前的歌舞伎座（2013年開館）為第五期，隈研吾設計，曾因背後聳立著高樓大廈而成為熱烈討論的話題。設計構想源自於大正13（1924）年開館，後來遭戰火燒毀的第三期（岡田信一郎設計）。夜間會點亮照明。

鳳凰丸
歌舞伎座徽紋。以法隆寺寶物圖案為設計原型。

反轉鳳凰丸圖案的屋瓦
大屋頂使用1片反轉歌舞伎座徽紋「鳳凰丸」圖案的屋瓦。

屋頂庭園
大屋頂部分新設休閒散步空間。4樓迴廊，經由屋外的「五右衛門階梯」，就能邊下樓，邊近距離欣賞大屋頂。

鬼瓦
正面玄關的鬼瓦為歌舞伎座中最大，鬼瓦象徵水，具消災祈福以避免火災發生等意涵。

釘飾
俗稱 金物，做工精細，城、神社佛閣等常見。沿襲第四期設計。

繪看板
懸掛於劇場左右，記載表演中劇目。元祿年間起即固定由鳥居派畫師繪製。

懸垂幕
掛於正面右手邊，記載該月份表演活動名稱，左手邊掛上寫著「歌舞伎座」字樣的布幕。

稻荷神
第四期奉祀於劇場旁，第五期以後遷移至正面。

Check!

建築外觀大多沿襲第三期設計

兼具奈良朝代的典雅壯麗，與桃山風格的宏偉華麗設計，特徵為正面的大型唐破風，戰後建造的第四期風格一直沿襲至第五期。

大屋頂減少一座
將第三期的三個破風屋頂改成兩個，這是第四期設計者吉田五十八的決策。第五期沿襲吉田設計案。

唐破風一如往昔
氣勢磅礴的唐破風，岡田信一郎設計一直維持到現在。

處處機關的舞台裝置

舞台除了讓演員展現精采表演外，更是展現音樂演奏與音效專業技術的絕佳場所，因此，歌舞伎座舞台上總是隨處裝設著各種機關。從這一點就能了解到江戶時代的人們對娛樂的熱衷程度。

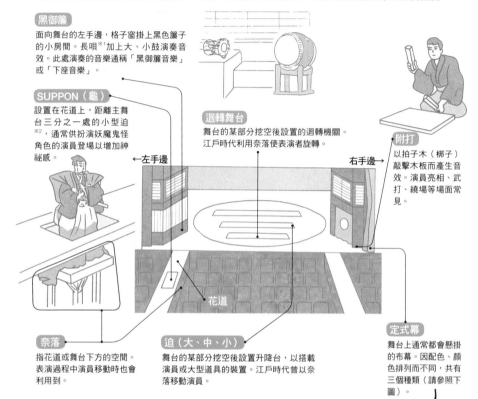

黑御簾
面向舞台的左手邊，格子窗掛上黑色簾子的小房間。長唄[1]加上大、小鼓演奏音效。此處演奏的音樂通稱「黑御簾音樂」或「下座音樂」。

SUPPON（龜）
設置在花道上，距離主舞台三分之一處的小型迫[2]，通常供扮演妖魔鬼怪角色的演員登場以增加神祕感。

迴轉舞台
舞台的某部分挖空後設置的迴轉機關。江戶時代利用奈落使表演者旋轉。

←左手邊

右手邊→

附打
以拍子木（梆子）敲擊木板而產生音效。演員亮相、武打、繞場等場面常見。

花道

奈落
指花道或舞台下方的空間。表演過程中演員移動時也會利用到。

迫（大、中、小）
舞台的某部分挖空後設置升降台，以搭載演員或大型道具的裝置。江戶時代曾以奈落移動演員。

定式幕
舞台上通常都會懸掛的布幕。因配色、顏色排列而不同，共有三個種類（請參照下圖）。

歌舞伎的音樂
以唄（歌）與樂器暖場的「長唄」（右），可大致分為在三味線伴奏下展演的「義太夫節（竹本）」、「清元節」、「常磐津節」。

黑衣
為演員傳遞、收回小道具，或幫助演員快速換裝等，讓表演更順利進行的工作人員。身穿黑衣而觀眾席上看不清楚。下雪場面穿稱為「雪衣」的白色衣裳，大海或河川場面則穿水藍色的「水衣」。

三種類型的定式幕

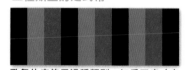

歌舞伎座使用這種類型。江戶三座（官方許可的演藝小屋）之一的「守田座」也使用相同類型定式幕。

國立劇場與「市村座」使用相同配色的定式幕

「中村座」的定式幕配色

※1 長唄：長歌，配合三弦、笛子等樂器演奏吟唱的歌曲，經常與歌舞伎一起演出。
※2 迫：讀作SERI，花道上的某部分挖空後設置升降台，讓演員神出鬼沒地出現在舞台上或承載道具的裝置。

特色鮮明、豐富多彩的表演方式

歌舞伎有許多「獨特」的表演方式，例如：見得、六方等粗獷豪邁動作，宙乘等現代化戲劇也通用的設備，引拔與打返等宛如變魔術般技巧，豐富多元的表現方式都是江戶時代磨練後流傳至今。

宙乘

將演員吊掛在舞台或觀眾座席上方，邊移動、邊表演。幽靈、妖怪等非人類角色出現時採用。「義經千本櫻〈河連法眼館之場〉」等。

見得

一談到歌舞伎就會聯想到，歌舞伎最具代表性的演出方式。擺出誇張的姿勢後停止動作，表現出感情的最高境界，大部分劇目都能看到的表演動作。

六方

六方也是廣為人知的表演方式。做出非常誇張的走路或跑步動作。『勸進帳』、『菅原傳授手習鑑〈車引〉』等。

引拔

演員身上疊穿以細線固定住的衣裳，表演過程中拉斷細線，脫掉外層衣裳的動作。表現心情起伏變化的表演方式。『京鹿子娘道成寺』、『鷺娘』等。

打返

引拔的表演方式之一。脫下上半身衣裳後垂掛在腰間的狀態。表現實際上非人類、惡人真面目等表演方式。『鷺娘』、『積戀雪關扉』等。

Data

歌舞伎座
電話／03-3545-6800（代）　地址／中央區銀座4-12-15
交通／地下鐵日比谷線、淺草線東銀座站下車後即到達。地下鐵銀座線、日比谷線、丸之內線銀座站下車後步行8分鐘　※售票／0570-000-489（Ticket-phone松竹，時間／10：00～18：00）http://www.ticket-web-shochiku.com/pc/（ticket web松竹）

沉浸在江戶氛圍中欣賞激烈競技

Ryogoku Kokugikan & the professional sumo

兩國國技館＆大相撲

日本國技的神聖場所‧懸吊屋頂與土俵

屋頂四角原本設有柱子，昭和27（1952）年起才開始採用懸吊方式。以鋁合金結構與檜木等木料構成。土俵為舉辦神事（祭祀活動）的場所，每個場所都是以手工方式重新製作。

❶ 屋頂形狀

歷經山型屋頂（切妻造）與歇山式屋頂（入母屋）等形式，昭和6（1931）年起，如同伊勢神宮，開始採用神明造屋頂。

❷ 水引幕

環繞屋頂四周的紫色布幕，具驅邪避凶意涵。

❸ 房色

正面為東，依序為青、紅、白、黑色，表示守護四個方位的四位神明，青＝青龍、紅＝朱雀、白＝白虎、黑＝玄武。

俵

土俵是以6個種類，總共66個俵構成。

懸吊屋頂 重6.25噸

686cm

❶

990cm

❷

❸

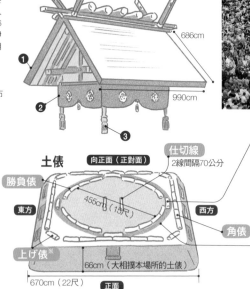

土俵

向正面（正對面）

仕切線
2線間隔70公分

勝負俵

455cm（15尺）

東方　　西方

角俵

上げ俵※

66cm（大相撲本場所的土俵）

670cm（22尺）

正面

德俵

位於勝負俵四方正中央的俵。相撲力士站上土俵後，能夠有一個俵寬的緩衝，德發音同「得」，表示比較有利。於室外比賽時，德俵還具備排除土俵內雨水的作用。

蛇目

蛇目是指沿著勝負俵外側鋪上寬約20分細沙的區域，相撲比賽時也會依據細沙上腳印判定勝負。

自古以來，日本人就將相撲視為神事，『日本書紀』裡就有記載。相撲是江戶時代廣受庶民喜愛的娛樂，後來成為深受現代人喜愛的運動，相撲力士錦繪上就留下不少畫面。堪稱目前日本最正式相撲比賽的本場所，每年舉辦六次比賽，其中1、5、9月份於東京舉辦。國技館於明治42（1909）年誕生於日本兩國，昭和29（1954）年遷往藏前，昭和60（1985）年再次遷回兩國。進入館內就會看到全身武士打扮的行司判決，拍子木（梆子）聲不絕於耳的非尋常世界，是一個盡情享受江戶氛圍與競技比賽熱烈氣氛的絕妙場所。

該從哪裡看起？座位的種類

國技館內座位排列狀似研磨缽，從任何角度都能清楚地看到土俵。座席種類分為溜席、枡席、椅子席、自由席、包廂席，除溜席外，皆可自由飲食，因此可長時間盡情參觀比賽，除觀看比賽外，還可逛商店或參觀相撲博物館。

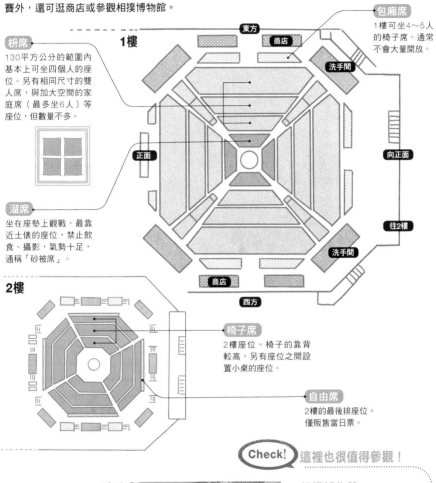

包廂席
1樓可坐4～5人的椅子席。通常不會大量開放。

枡席
130平方公分的範圍內基本上可坐四個人的座位。另有相同尺寸的雙人席，與加大空間的家庭席（最多坐6人）等座位，但數量不多。

1樓
東方
商店
洗手間
正面
向正面
往2樓
洗手間
商店
西方

溜席
坐在座墊上觀戰，最靠近土俵的座位，禁止飲食、攝影，氣勢十足，通稱「砂被席」。

2樓

椅子席
2樓座位。椅子的靠背較高，另有座位之間設置小桌的座位。

自由席
2樓的最後排座位。僅販售當日票。

Check! 這裡也很值得參觀！

商店
販售手拭巾（小手帕）、相撲力士錦繪等，琳琅滿目地陳列相撲相關商品。

相撲博物館
展示歷史資料，可免費入場參觀。本場所比賽期間需購買相撲參觀券。 時間／10：00～16：30 休館日／週六、週日、國定假日

優勝匾額
2樓座席上方的正面、向正面、東方、西方四個方位分別吊掛8個，共計32個。1、5、9的東京場所分別更換2個優勝匾額。

番付表怎麼看

記載相撲力士階級的表格。依據本場所比賽成績，經過開會後決定階級，於下一次本場所比賽的十三天前公布。由上位開始，至橫綱、大關、關脇、小結、前頭為止為幕內。以下包含十兩稱「關取」。

番付表由行司負責書寫。原版為長109公分×寬79公分，縮小為四分之一後印刷。

錦山龍

相撲文字

由江戶時代傳承至今的傳統書寫體。減少空隙，加大字體，象徵吉祥，意喻場內「大爆滿」。

千穐万歳大々叶（祈願千萬年都能夠高朋滿座）。祈求大相撲繁榮昌盛的祝詞。

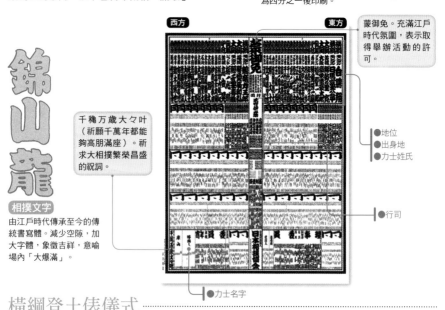

西方　　　東方

蒙御免。充滿江戶時代氣圍，表示取得舉辦活動的許可。

●地位
●出身地
●力士姓氏

●行司

●力士名字

橫綱登土俵儀式

分為「雲龍型」與「不知火型」，晉升時由橫綱自行選擇，也具備神事意涵，橫綱腰間繫綁的繩索如同注連繩，具避邪作用。橫綱繩繫綁的方式也因登土俵形式而不同。

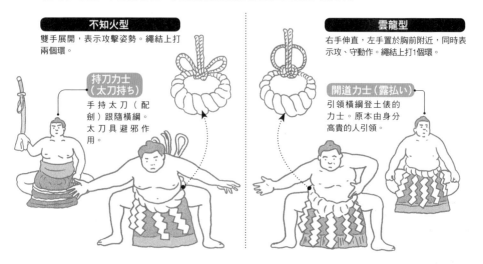

不知火型

雙手展開，表示攻擊姿勢。繩結上打兩個環。

持刀力士（太刀持ち）

手持太刀（配劍）跟隨橫綱。太刀具避邪作用。

雲龍型

右手伸直，左手置於胸前附近，同時表示攻、守動作。繩結上打1個環。

開道力士（露払い）

引領橫綱登土俵的力士。原本由身分高貴的人引領。

大相撲相關工作人員

裁決激烈比賽的行司、以獨特語調唱名呼喚力士上場比賽的呼出,都是大相撲活動舉辦上絕對不可或缺的人物,從工作人員的穿著打扮與行動就能感覺出隆重傳統氛圍,更加營造出濃厚的江戶時代氣氛。

行司的位階與穿著打扮

行司如同力士,同樣有番付(階級)之分,編制為45位。穿著打扮也因位階而不同。

立行司
相當於行司界的橫綱,最高職位的行司。身上佩刀,腳穿草履。

十兩格行司
十兩比賽的裁判。從這個位階開始穿日式白襪。

幕下格行司
赤腳,身穿棉布衣,捲起衣服下襬。

唱名時的獨特語調節奏

大鼓聲與唱名時的獨特語調節奏,讓相撲演出更熱鬧精采。

跳太鼓
在19公尺70公分的高台上打擊太鼓,告知當天的比賽活動結束。

呼出
負責製造土俵與手持懸賞旗繞行土俵等,協助相撲比賽順利進行的人員。呼出也有順序,最高位為立呼出。

拍子木
通知中場(休息)、每天最後一場比賽等節目進行。

一般購票方式
除國技館門票賣場、門票大相撲(http://sumo.pia.jp)外,門票pia(大相撲)、lawson ticket、e+也能買到。

相撲案內所(國技館服務處)購票方式
http://www.kokugikan.co.jp/
(網路購票前需登錄)
於相撲案內所購票後,必須透過以下列舉特有步驟觀戰。
①必要時預約便當伴手禮。
②當天由相撲案內所入口進入館內。
③跟隨出方(帶位人員)入席。

Data
兩國國技館
地址／墨田區橫綱1-3-28 交通／JR總武線兩國站下車後即到達。地下鐵大江戶線兩國站下車後步行5分鐘。

相撲部屋的晨間訓練

相撲部屋中可能設有可參觀晨間訓練的房間。建議先透過想參觀的部屋HP(未必都有)等搜尋,再打電話或以電子郵件方式洽詢。參觀晨間訓練即可近距離地感受相撲運動的激烈程度。參觀時必須確實遵守禮儀規範,避免妨礙練習。

在優雅建築物裡體驗詼諧逗趣的表演

Shinjuku Suehirotei　Edo Rakugo

新宿末廣亭 & 江戶落語

設計風格獨特的建築物

專門修築神社宮殿的木工師傅打造的建築，與高樓大廈並排建造，在周邊飲食街中大放異彩。建築風格雖不出色，但是末廣亭設計卻相當獨特，再加上坐落在新宿購物街區不遠處，因此吸引許多觀光客駐足欣賞。

加上圖案的燈籠
屋頂附近吊掛著燈籠。燈上描繪末廣亭徽紋與演出者的家紋。

建築物左右鋪貼的長方形綠色瓷磚。

瓷磚為印度製
日式風格建築，局部加入西式設計巧思。使用瓷磚顏色漂亮，現在已經停產而稀少。

露台上的裝飾
目前未使用，但是為了空氣流通，窗戶會打開。

入口左側的牆面鋪貼正方形茶色瓷磚。售票處窗戶以質地精細的正方形藍色瓷磚滾邊。

木戶（木門） 入口處。這就是欣賞戲劇等的門票俗稱「木戶錢」的由來。

下回預告
記載下回的演出者。正面隨處可見看板，但是除此看板外，其他部分都寫著「下回○○出場敬請期待」。

一整面看板（大看板）
面向出口，右手邊為日間場，左手邊為夜間場，分別設有記載著壓軸演出者姓名的看板。

突然出現在新宿熱鬧大街上，外型典雅的空間。建造於戰後不久的昭和21（1946）年。都內現存寄席（觀賞日本傳統藝術表演的設施）中僅有一棟木造建築，把江戶時代的寄席氛圍一直保存至

承繼傳統的「寄席文字」值得關注

以氣勢磅礴的粗線，儘量避免形成留白的獨特書寫方式，意味「觀眾席無空位（留白）」的涵義。字的右側較高，祈求「觀眾數繼續攀升」，看板文字承繼江戶時代傳統，源自於橘左近。

發揮巧思儘量避免留白。

收放得宜，寫成方正字體。

票價相同的各式座位

椅子席117席、棧敷席左右各38席。任何座席都收取相同門票，因此早到場者較有利。1樓客滿後開放2樓座位。可自由飲食，但酒類除外，可邊享用便當，邊欣賞演出。

知名演員演出時，很可能連後方空間都擠滿觀眾。

棧敷席
感覺坐在榻榻米房間裡欣賞演出的座位。觀眾與高座演出者視線為相同高度。

高座
以落語家為首，演出者登場表演的舞台。

2樓席
1樓客滿時，也會開放設有120個席位的2樓棧敷席。

棧敷席入口
經由客席旁的通道，穿過拉門後即進入棧敷席。

椅子席
設有椅墊，坐起來很舒服的座椅，長時間欣賞節目也很舒服。

棧敷席的鞋櫃
打開扶手蓋子，就是擺放鞋子的設施。

今，2011年認定為新宿區第一號地區文化資產。每個月1～10日為上席，11～20日為中席，21～30為下席，分別由不同的表演者演出。一年公開演出365天，幾乎全年無休，除落語外還可欣賞漫才、剪紙、奇術等各種表演。日間場演出時間為12時～16時30分，夜間場為17時～21時，表演時間看起來很長，事實上一眨眼就結束。落語是看了就會刺激想像力而讓人欲罷不能的極致說話表演藝術。

高座與增添光彩的寄席太鼓

寄席舞台、高座

建造末廣亭時是以「座敷」為訴求，所以可以看到壁龕與板隔扇等其他表演場所看不到的設施。例如掛在高座上方的匾額「和氣滿堂（意思為充滿祥和氣氛的大廳堂）」，末廣亭的最大魅力就是輕鬆愉快的氣氛。

壁龕
末廣亭特有設備。季節掛軸前面設置香爐（不點香）。

燈籠
描繪著落語家演出者的徽紋。

樂屋
下一位表演者於門後等待出場。

見出
插放名牌，公布演出者姓名。較常見的是「翻閱式」見出，但是末廣亭不採用。

臉部照明
照亮演出者臉部的燈光。過去是設置燭台，點亮蠟燭。

坐墊
換下一位演出者時翻面（高座返）。

障子（格子窗）
這部分也是末廣亭特有。打開部分格子，讓在後方等候的下座音樂演奏者邊看著高座，邊配合演奏。

寄席太鼓

依傳統，必須適時地敲出不同的音色。由前座表演者敲擊。

一番太鼓 開場時演奏。希望觀眾踴躍進場欣賞表演。

「ドンドンドントコイ、ドンドンドントコイ」
「don don don to koi don don don to koi」

二番太鼓 即將開演時演奏。

「オタフクコイコイ、オタフクコイコイ、ステツクテンテン」
「otahuku koikoi otahuku koikoi sutetuku tenten」

追出太鼓 結束表演時演奏。最後一個音表示「空」。

「デテケデテケ、テンテンバラバラ、テンテンバラバラ、カラカラカラ」
「deteke deteke tenten barabara tenten barabara karakarakara」

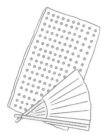

變換自如的小道具

落語的必備小道具為扇子與手拭巾（小手帕）。

都是非常簡單的小道具，但是用法不同，可有不一樣的表現，從小道具就能感覺出落語這項藝術的奧祕。本單元中介紹的都是最具代表性的用法。

扇子

煙管
合起扇子，做出開心地吞雲吐霧的動作，再敲響扇子端部，做出撢掉煙灰的動作。

筷子
合起扇子，做出拿筷子吃蕎麥麵就是很具代表性的動作。另一隻手同時做出拿碗的動作。

酒杯
做出倒酒入杯後，靠近嘴邊乾杯的動作。打開扇子，嘴巴靠近扇子旁做喝酒動作。

Data

末廣亭
電話／03-3351-2974（代）
地址／新宿區新宿3-6-12　交通／地下鐵丸之內線・新宿線新宿三丁目站下車後步行2分鐘　門票／3,000日圓（深夜寄席500日圓）　時間／白天時段12：00～16：30・夜間時段17：00～21：00（入場時間11：40～19：45）・深夜寄席時段21：30～23：00（僅週六）　休假日／12月30・31日
※門票向窗口洽購

手拭巾

錢包
最常見的動作是當做錢包。從懷裡拿出手拭巾（摺成三褶），做出攤開後從中取出紙鈔的動作。

信件
將摺疊狀態的手拭巾拿在手上當做紙張，另一隻手拿起扇子做出拿筆的動作。

Check!

東京落語家的階級

真打
落語家中最高位階，可收徒弟。

二目
可穿上繡著徽紋的外掛，不需要再做雜的工作，但需自己尋找高座以磨練落語技巧。

前座
寄席前或演出過程中必須做打雜工作，敲擊太鼓，以及前座見習工作。

前座見習
向真打師父提出入門申請，獲准後成為前座見習，一面跟隨師父身邊做打雜工作，一邊了解落語、鳴物、著物等事務。

廣受歡迎的深夜寄席

每週六晚上21：00～23：00演出，只有4位比較資淺的二目落語家登場。門票500日圓，相當便宜，近幾年來，除落語迷喜愛外，連未曾進場看過落語節目的人也非常喜歡。只發售當天門票，因此經常大排長龍。

江戶的錢湯是把水澆在熱騰騰的小石子上，促使產生蒸氣的蒸氣式風呂，泡湯者將下半身浸泡在裝有熱水的淺浴池裡。浴池與沖澡場所之間做出區隔以避免蒸氣散發，泡湯者穿過俗稱「石榴口」的小出入口，往返沖澡場所與浴池。其次，江戶時代的錢湯基本上採混浴方式，後來因為幕府頒佈混浴禁令而以更衣室為區隔，將一個浴池隔成男、女泡湯區域，邁入明治時期後，漸漸地演變成男湯與女湯形式。

為了促進東京市民的健康而設置「宮造」錢湯

由江戶轉換成東京後，直到大正時代為止，錢湯大多與商店一般使用木造建築，關東大地震發生後，錢湯出現了一百八十度的大轉變。倒塌的錢湯建築改頭換面，轉為神社建築風貌，外觀華麗又充滿厚重感的「宮造」建築。玄關描繪柔美曲線，屋頂設有「唐破風」，更衣室天花板為棋盤狀「格子天井」等，將原本只有氣派建築才可能採用的設計巧思，都運用在錢湯建築上。東京地區的錢湯陸續建造，人們在錢湯空間裡享受異於日常生活的休閒娛樂，徹底地放鬆身心。

一提到東京的錢湯，一定會聯想到以富士山為背景的畫面。錢湯需要匯聚人氣，錢湯經營者募集廣告，背景畫下方也會加入廣告，意思是越多人關注的圖畫，廣告效果越大，打廣告的人越高興。打廣告的最佳題材，就是日本靈山富士山，泡湯客當然希望既可盡情泡湯，又能夠擁有眺望富士山美景的氣氛。之後宮造錢湯越來越少，現代化的錢湯又改變了作法，廣泛地引進藥湯、桑拿、電氣風呂等泡法。錢湯既然是洗澡的地方，那就必須是能夠滌淨心靈的場所，這一點至今不變。

東京錢湯是日常生活中的非日常空間

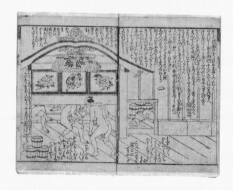

描繪江戶時代錢湯樣貌的『賢愚湊錢湯新話』。享和2（1802）年，山東京傳作以黃表紙型態出刊，畫中描繪往來浴池與沖澡場所出入口的「石榴口」。石榴口為唐破風建築，施以獅子與花卉圖案，外觀豪華的設施。戰後宮造錢湯可能是源自於石榴口（國立國會圖書館典藏）。

第 4 章

因地區差異而展現出不同的樣貌也是東京最有趣的地方。
深具「藝術」、「下町」及「御宅」等特徵的城市拾綴！

東京的
城市 & 故事

明治～平成年間的知名建築大集合

Marunouchi Ginza

丸之內‧銀座

行幸通り

東京駅

KITTE → P111　東京駅

二重橋前駅

明治生命館 → P113

馬場先通り

馬場先門

千代田線

都営三田線

三菱一號館
→ P112

東京駅

帝国劇場

東京国際
フォーラム

日比谷駅

JR横須賀線

丸ノ内線

東海道新幹線

JR京葉線

日比谷線

有楽町駅

銀座
一丁目駅

日比谷駅

數寄屋橋交番 → P114

プランタン
銀座

有楽町線

帝国ホテル東京

銀座駅

銀座線

松屋銀座

和光 → P114

銀座駅

銀座三丁目

三越銀座店

三愛夢想中心 → P114

ユニクロ銀座店

東銀座駅

銀座六丁目

BEER HALL LION
銀座七丁目店 → P115

新橋駅

尼古拉斯‧海耶克中心 → P115

東海道山手線東京京浜東北

JR東海道線京浜

東京高速道路

0　200m

N

丸之內地區開發是以政府出售土地後建造的岩崎家為中心，於明治27（1894）年完成日本第一座辦公大樓三菱一號館。馬場先通一帶，紅磚建築林立而被譽為「一丁倫敦（小倫敦）」。大正時期，行幸通一帶是以「丸大樓」為首，鋼筋混凝土建築相繼落成而被稱為「一丁紐育（小紐約）」。

明治6（1873）年，銀座地區仿效倫敦陸續蓋起紅磚連棟建築，繼續成為流行資訊的傳送基地，戰後經由企業擘劃，完成現代化建築。

目前，丸之內與銀座還保存著許多明治年間至戰後建造，深具東京都是文化傳承意義的建築。

丸之內的「一丁倫敦」

原本為荒煙蔓草之地的丸之內一帶，明治年間～大正時期，紅磚造辦公大樓陸續竣工，圖中正前方建築就是三菱一號館。

KITTE

昭和6（1931）年，建築家吉田鐵郎設計建造的東京中央郵局，改建成超高樓層建築ＪＰ塔，再將低樓層部分重新裝潢成商業設施「KITTE」。舊局成為排除裝飾，相當具代表性的現代化建築，改建時保存、活化部分外牆，成功打造的高樓建築。

電話／03-3216-2811　地址／千代田區丸之內2-7-2　交通／JR東京車站下車後即到達　時間／商店為11：00～21：00（週日、國定假日～20：00）餐廳為11：00～23：00（週日、國定假日～22：00）但是部分店鋪營業時間不同　休假日／1月1日、法定檢修日

環繞遮陽設施，充滿日本建築意趣。體現日本建築風格之美的現代化建築，讓德國建築家布魯諾陶德讚不絕口。

開大窗，設計簡單，充滿開放感的現代化建築。建築物內部無厚重牆壁，只以天花板（地板）、樑柱構成的嶄新設計。

7樓屋頂平台為眺望東京車站的絕佳地點。綠化後，一到了傍晚就涼風習習。

保存於4樓的「東京中央郵局」的舊局長室。充滿木作溫馨感的室內裝潢，正面可看見東京車站的穹頂。

牆面鋪貼陶板瓷磚，呈現工藝之美，顏色不同部分為建造當時使用的瓷磚。

昭和知名建築與嶄新設計的完美融合

KITTE內部裝潢為廣泛從事近代建築重建等設計案的隈研吾設計。地板部分採用傳統八角形柱設計等，清楚地呈現出新舊對比。

沈重厚實，可傳達建造當時樣貌的結構材。歷經大正12（1923）年關東大地震的考驗，昭和初期的鋼筋混凝土結構建築的樑柱都很堅固。

新建部分僅鋪貼表面處理出纖細縱向條紋的玻璃面板，巧妙地突顯保存部分的結構存在感。

111

紅磚是將黏土填入模型裡燒製而成，使用中國製造的紅磚。重現獨特質感。使用的紅磚多達230萬塊。

施以精緻雕刻的避雷針。參考保存的建材，重新鑄造。

三菱一號館

英國建築家喬賽亞康德設計，明治27（1894）年落成，丸之內第一座辦公大樓。堪稱丸之內都市計畫起點的知名建築，曾經被譽為重要文化資產的最有力候選建築。昭和43（1968）年解體，2009年竭盡所能地復原重建。館內設有咖啡廳與美術館，空間做最充分地運用。

電話／03-5777-8600（服務熱線）　地址／千代田區丸之內2-6-2　交通／東京懷舊千代田線二重橋前站下車後步行3分鐘、JR東京車站下車後步行5分鐘　時間／Cafe1894為11：00～23：00（LO為22：00）　休館日／不定休

置身於Café 1894感受明治時代氛圍
目前Café 1894空間的挑高設計樓層原為銀行。窗口與厚重柱子等設計都能感受當時的氛圍。

解體時保存當初的建材，柱頭部分忠實地重現。

2樓部分的迴廊，還沒有錄影監視器的年代，稱職地執行監視任務的設施。

明治

銀行時代設置櫃檯，館內行員透過小窗與客戶交易互動。

目前

很自然地成為店內隔間。

MEMO 康德於丸之內都市計畫時，就曾動過建設美術館的念頭，但生前並未付諸實行。三菱一號館直到平成年間才開館。歷經百年以上歲月，康德理想具體成形的一瞬間。

明治生命館

面向日比谷通，感覺像希臘神殿的辦公大樓。昭和9（1934）年，被譽為「建築設計鬼才」的建築家岡田信一郎設計後完成。以華美設計吸引目光，結構由設計東京鐵塔的內藤多仲擔綱的堅固建築，從建造時開始，館內就設有完備的冷暖氣系統等，技術面也採用相當先進的手法。第一座昭和時期的重要文化資產。

電話／03-3283-9252　地址／千代田區丸之內1-1-1　交通／東京懷舊千代田線二重橋前站下車後步行即到達　時間／11：00～17：00（週六、週日）、16：30～19：30（週三、週四、週五）　休館日／週一、週二、大樓電氣設備檢修日

鋪貼義大利產大理石磚，到處都能發現鸚鵡螺化石。

當初相當罕見的頂光照明，由天花板灑下自然光。

1樓店面營業廳室
鋼筋混凝土柱子鋪貼大理石以營造莊嚴空間。設計成兩層樓挑高建築。

柱頭加上莨苕葉形裝飾的柱子，科林斯柱式，希臘神殿常用設計。

交互並排張嘴成「阿」型與閉口成「吽」型的獅子雕像。

格網狀窗框與燈籠形狀的照明設備，戰時曾供出金屬，戰後復原。

貫穿5層樓的龐大柱體，抬頭仰望時比站遠遠地看氣勢更驚人。

外牆鋪貼位於瀨戶內海的岡山縣北木島生產的花崗岩。

了解柱子設計後，參觀建築的樂趣倍增

希臘神殿等設施常見的柱子，可依柱頭設計分類。最簡單的是多立克柱式，結構最複雜的是科林斯柱式。關東大地震發生後，為了建立顧客對企業的信任感，興建大樓時，大多採用象徵永恆性、普遍性的希臘神殿風設計，尤其是銀行、保險公司等客戶託付財產與生命的企業。在東京街上看到神殿風建築時，屬於昭和時代初期建築的機率非常高。

【多立克柱式】【愛奧尼亞柱式】【科林斯柱式】

巡訪銀座知名建築

欣賞丸之內的知名建築後，一起從晴海通，散步到昭和通吧！大街上像博物館似地並排矗立著由各時代建築技術打造的建物。

矗立在最頂端的建築物象徵
為了在屋頂上設置雕刻裝飾，將珠針插在模型上當做記號，後來因為在意當時的警視總監看法，只好依照模型施工而留下的一段趣聞。

外牆上鋪貼磚色瓷磚，原因是明治時代銀座曾有過成排鋪貼磚色瓷磚的建築，深深烙印都市記憶的設計。

數寄屋橋交番

建築家山下和正於昭和57（1982）年設計完成。蓋著尖峭屋頂，造型很可愛的數寄屋橋象徵。在建築落成之前的交番（相當於派出所），通常都是整齊劃一，感覺冰冷的設計，但這棟由建築家打造造型獨特無比的建物，成為交番建築先驅。已擬定改建計畫，想參觀的人請儘早前往。
地址／中央區銀座4-1-2　交通／東京懷舊線銀座站下車後即到達　時間、休假日／自由參觀

三愛夢想中心

對於這棟建築絲毫不了解，看到建築物後才知道這是昭和39（1964）年建造的人想必不乏其人吧！現在看起來依然嶄新的圓筒型玻璃帷幕設計，是隸屬於日建設計，曾經設計過無數知名建築的林昌二的代表作。進入大樓內，從描繪著柔美曲線的地板，就能感覺出近未來氛圍。
地址／中央區銀座5-7-2　交通／東京懷舊線銀座站下車後步行即到達　時間、休假日／因租用者而不同

罕見的建築景致曾引發熱烈討論
由上往下，將甜甜圈形狀的混凝土地板，一片一片地套在中央的圓筒型core（電梯）上。建造時雖然得設法克服銀座的嚴酷施工條件，但是相對地，設計作品可以有更完美的演出。

和光

世界知名鐘錶製造商「精工」前身「服部時計店」的公司建築。第一代時計塔建於明治27（1894）年，目前看到的是昭和7（1932）年完成，相當於第二代。塔高約9公尺，由設計「東京國立博物館本館」等作品的知名建築家渡邊設計。
電話／03-3562-2111　地址／中央區銀座4-5-11交通／東京懷舊線銀座站下車後步行即可到達時間10：30～19：00　休假日／過年期間

館內雖經過改裝，但階梯周邊裝飾依然保留昭和初期樣貌。鋪貼大理石的電梯周邊、鋪貼萊茵石的階梯都充滿工藝之美。

營業時間內每逢正點從45分開始敲響威斯敏斯特鐘聲。每個小時的0分朝著銀座大街敲鐘報時。

外牆鋪貼花崗岩，坐落在街角而描繪柔美曲線。優雅又充滿厚重感的建築。

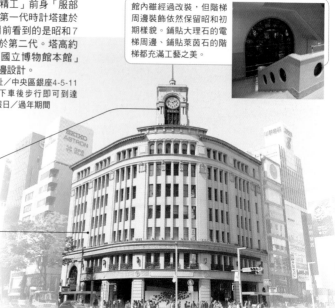

尼古拉斯‧海耶克中心（Nicolas G. Hayek Center）

擁有SWATCH、OMEGA、BREGUET等許多知名手錶品牌的SWATCH GROUP（JAPAN）的店鋪兼總社大樓。地上14層，地下2層，2007年竣工，曾榮獲日本建築學會頒發的獎項，是相當於「建築物諾貝爾獎」的普立茲克建築獎得獎人坂茂的代表作。特徵為牆面鋪貼玻璃而形成百葉窗狀的奇特構造。

電話／03-6254-7200　地址／中央區銀座7-9-18　交通／東京懷舊線銀座站下車後步行5分鐘　時間11：00～20：00（週日、國定價19：00）　休假日／不定休

玻璃牆壁都設計成百葉窗狀，可完全打開。共分成1～4樓、5～7樓、8～10樓、11～13樓四個區域。

1樓部分可直接通往建築物後方的構造，設有展示廳兼精品店直通電梯。

燈泡上的圓點圖案是表現「啤酒的泡泡」。一眼就知道這是可享用啤酒的空間。

柱子裝飾以啤酒原材料的「麥穗」為設計構想。

BEER HALL LION 銀座七丁目店

外觀沉穩大方，這座建築物的魅力在於內部裝潢。踏入1樓大廳後宛如來到另一個世界。昭和9（1934）年竣工，當時的內部裝潢維持到現在，天花板與牆壁上都施以裝飾藝術風格的幾何圖案。意氣風發的建築家菅原榮藏設計。可感覺出設計第二代帝國飯店的建築家法蘭克洛伊萊特（Frank Lloyd Wright）的影響。

電話／03-3571-2590　地址／中央區銀座7-9-20銀座獅子大樓1樓　交通／東京懷舊線銀座站下車後步行3分鐘　時間11：30～23：00（週日、國定假日～22：30　休假日／全年無休

地板依然維持建造時狀態，配合空間，充滿幾何學意象的設計。

使用250種顏色的馬賽克玻璃瓷磚，縱2.75公尺、長5.75公尺的巨大壁畫。畫面上描繪婦人採收釀造啤酒的麥子、象徵幸福的莨苕葉的花朵，煙囪則是以惠比壽的啤酒工廠為構圖。

日本與世界的藝術之旅

Roppongi

六本木

千代田線

乃木坂

1 國立新美術館

聚集各國籍人士的不夜城，同時又是綠意盎然，處處藝術的「藝術街」六本木。以六本木車站為中心，連結國立新美術館、六本木新城、東京中城三處建築的區域，坐落著許多日本國內外知名建築家設計的特色藝術景點與室外裝置藝術。本單元介紹的主要藝術作品都是位於步行即可到達的範圍內，花一天時間就能尋訪的設施。

日比谷線

六本木通り

森美術館

六本木新城

毛利庭園

テレビ朝日

一舉介紹42處 主要的藝術據點＆作品

❶ …地圖上編號　藝術作品名稱　（藝術家姓名）

1 國立新美術館
（設計：黑川紀章）➡ P118

2 MAMAN
（露易絲·布爾喬亞）➡ P118

3 薔薇
（Isa GENZKEN）
晶立在66廣場上的8公尺巨型玫瑰
©Hollywood Beauty Group

4 ROBOROBOROBO
（崔正化）
由44架機器人構成的高塔。

5 高山流水·
立體山水畫
（蔡國強）
源自中國故事，將岩山與水井立體化的作品。

6 守護石
（Martin Puryear）
形狀素樸卻展現多樣表情的黑色大理石。
©TV-Asahi

7 PLANT OPAL
（森万里子）
以玻璃表現成為化石的植物細胞的結晶。

8 Kin no Kokoro
（Jean Michel Othoniel）
晶立在毛利庭園的水池裡形狀因欣賞角度而不同。

9 安娜之石
（Thomas Sandell）
不規則並排的橢圓形石頭般藝術作品。

10 只將愛···
（內田繁）
希望去除來自某種物體的重力與設計。

11 「這塊大石從何處滾來？這河水將流往何處？我該何去何從？」
（日比野克彥）

12 ARCH
（Andrea Branzi）
位於步道與車道之間，設計與建築之間的界線。

13 EVERGREEN
（Ron Arad）
常春藤在無限繩索的空隙間纏繞生長。

サントリー美術館

東京新城

港区立檜町公園

木駅　首都高速3号渋谷線

---

21 Day Tripper
（DROOG DESIGN／Jurgen Bey with Christian Oppewal and Silvin v.d. Velden）
由7種符合不同姿勢的家具構成的長椅。

22 鎮守的森林
（堀木エリ子）
以一大張和紙為壁毯裝飾挑高三層樓部分的設計。

23 意心歸（安田侃）→ P119

24 妙夢（安田侃）→ P119

25 BLOOM
（Shirazeh Houshiary & Pip Horne）
以鋁材與不鏽鋼材雕刻，動作纖細的作品。

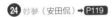

26 碎片No.5
（Florian Claar）→ P119

27 SANJIN 山神
（高須賀昌志）
由左旋的卍（萬）字紋得到靈感的溜滑梯。

28 FUJIN 風神
（高須賀昌志）
以源氏香為設計構想的鞦韆。

29 KAIJIN 海神
（高須賀昌志）
以波浪和雲立湧（蛇形曲線雲形）圖案為設計構想的孩童玩具。

30 FANATICS
（Tony Cragg）
隱藏人類的側臉，試著找找看吧！

31 SCOPE
（Peter Zimmermann）
使用環氧樹脂，色彩清透的繪畫。

---

32 來自記憶之地
（五十嵐暢威）
和1樓「往預感之海」構成一對的陶器作品。

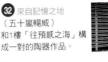

33 鑽石方尖塔
（Jehangir）
表現宇宙和大自然之超自然關係的雕刻作品。

34 與2·1·2·3柵型四群一瞥擦身而過
（中西夏之）
分別由2·1·2·3張展開的油彩作品。

35 No.2W061216
（Ruri Iwata）
以都市景色為背景，照射陽光而閃閃發光的玻璃作品。

36 NE. Silver, Gold to Platinum
（百瀬壽）
以和紙和金箔連結成纖細漸層效果的作品。

37 悠悠
（堂本右美）
主題為光。讓人充滿能量與勇氣的藝術作品。

38 遙遠的記憶
（嶋崎誠）
以象徵和平的「劍」為構圖的玻璃作品。

39 往預感之海
（五十嵐威暢）
以木材和墨，描繪在空間裡的書冊般裝置藝術。

40 Passenger
（神谷徹）照射自然光而呈現出繽紛色彩的作品。

41 Eight Strips：Gold, Violet to Silver
（百瀬壽）
8片一組，呈現漂亮漸層色彩的和紙作品。

42 21_21 DESIGN SIGHT
（設計：安藤忠雄）→ P119

---

14 寂靜之島
（Ettore Sottsass）
表現在街上被阻斷的私密空間。

15 消失在雨中的椅子
（吉岡德仁）
下雨就會消失蹤影的椅子。

16 公園長椅
（Jasper Morrison）
意圖使設施與環境達到平衡的公園長椅。

17 波紋
（伊東豐雄）
漂浮在都市「森林」裡，在水面上擴散開來的波紋

18 sKape
（Karim Rashid）
以「色彩流動的島嶼」表現東京地景的延伸。

19 Motocross
（Johanna Grawunder）
配合各種走路方式設計的座椅。

20 繫留氣球
（Patricia Urquiola）
在廣闊如森林般的樹下打造可輕鬆休息的空間。

MEMO　以國立新美術館為首，保留森美術館、三多利美術館展覽會票根，即可享受參觀另外兩個館區門票折扣優惠（部分對象例外）。

近距離欣賞那棟建築＆藝術作品！

齊聚各色藝術作品的六本木地區，還是有特別值得關注的知名作品。
一起來尋訪隱身於都市叢林裡卻令人驚豔的經典建築與魅力吧！

從3樓俯瞰1樓
大廳的情形

採用倒錐形是淋漓盡致地確
保大廳空間的設計巧思。精
心設計而使最下方部分佔用
最小面積。

著重餐廳與咖啡館的設計。
倒錐形的最上方部分視野絕
佳，確保最大面積。

意識1樓大廳與外部（街）的延續性，
完成人們聚集的寬敞空間。

採用波浪狀曲線設計的
外牆，模糊建築物與自
然環境的界線。具備讓
建築物自然融入周邊環
境的作用。

充分運用倒錐形設施內部空間，
規劃成廚房與倉庫。

國立新美術館

日本國內最大規模展示空間，提供各
種領域舉辦多采多姿的展覽會。美術
資料豐富的藝術博物館、商店、餐廳
都可自由入場。
電話／03-5777-8600（服務熱線）　地址／
港區六本木7-22-2　交通／東京懷舊千代田
線乃木坂站共構、都營大江戶線六本木站下
車後步行4分鐘、東京懷舊日比谷線六本木站
下車後步行5分鐘　門票／免費參觀。參觀資
料因展覽會而不同　時間10：00～18：00
（最後入場時間17：30）。會期中的週五～
20：00（最後入場時間19：30）　休假日／
週二（逢國定假日或補假開館，隔日休
館）。另外設有不定休。

圓點圖案的玻璃百葉窗與雙層玻璃窗的
組合，降低館內紫外線與太陽熱。

MAMAN（六本木新城）

充滿作家對母親懷念情感的
作品。

高約10公尺。坐落在66廣場而更加充滿
存在感，成為遊客約定碰面的場所。

身體部位抱著20顆象徵蜘蛛卵，閃
耀著白光的大理石。

由210個鋁質零件構成，由好幾個規則與公式組合而成。

碎片No.5（東京中城）

以「月之PAVILION」為主題，充滿宇宙意象的鋁質雕飾作品。

地上

妙夢（東京中城）

位於意心歸正上方，設置在地面上的作品。青銅材質，開橢圓形孔，可自由地穿梭經過孔洞。

地下

可進入圓孔，感受投入地球懷抱般舒服感覺。

意心歸（東京中城）

以原為地球一部分的大理石完成的雕刻作品。設置在地下以表現回歸地球的意境。

21_21 DESIGN SIGHT

以「日常事件與物品」為主題，發送設計展覽會與工作坊等多采多姿的計畫。三宅一生、佐藤卓、深澤直人任藝術總監。建築物為安藤忠雄設計。

電話／03-3475-2121　地址／港區赤坂9-7-6東京中城庭園內　交通／都營大江戶線・東京懷舊日比谷線六本木站、千代田線乃木坂站下車後步行5分鐘　門票／1,100日圓　時間10：00～19：00（最後入場時間18：30）　休館日／週二　換展期間

背後矗立著一整排高挑的雪松，與前面的草皮空間一起為建築物增添綠意。

1樓完全規劃成大廳。大部分建築處於半地下狀態。

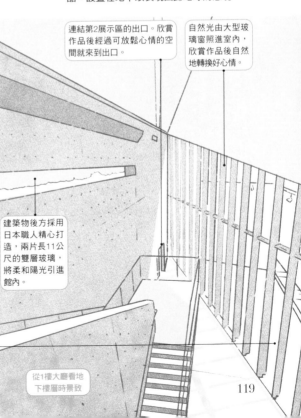

連結第2展示區的出口。欣賞作品後經過可放鬆心情的空間就來到出口。

自然光由大型玻璃窗照進室內，欣賞作品後自然地轉換好心情。

構想源自於三宅一生服裝設計概念的「一塊布」。由一整塊鐵板彎曲成形的屋頂。

建築物後方採用日本職人精心打造，兩片長11公尺的雙層玻璃，將柔和陽光引進館內。

地下樓層設置可隨著自然光改變表情的三角形Sunken Court（低於地面的中庭），也會用於展示作品。

從1樓大廳看地下樓層時景致

聚集江戶時代傳承至今的傑出老店

Nihonbashi

日本橋

江戶城的玄關大門，因德川家康施行大規模掩埋與都市開發計畫而建設的日本橋。以伊勢、近江、京都為首，聚集著來自日本全國各地的商人與職人，蓬勃發展成為日本數一數二的大商業區。相同行業的人聚集在同一個區域裡而形成許多職人町。另一方面，各種批發與零售的店家也毗鄰建造。目前，大傳馬町還聚集著棉織品批發商，日本橋本町則存在著許多藥品批發業者。從町名就能了解到地方商人進出伊勢町、駿河町等情形。直到現在，還是有不少當時就創業，歷史相當悠久的老店於當地繼續經營，繼續傳承著歷史與傳統技術，並配合時代變遷而不斷地進化著。

從古地圖看商人、職人町

直到現在，日本橋還保存著許多古老町名（城市名）。從古地圖上的町名，就能看出哪個區域是職人們聚集的地區。

1859年

❶ **大傳馬町**
棉織品批發商聚集地。

❷ **吳服町**
吳服（布莊）批發商林立的地區。

❸ **本町**
藥品批發商集散地。

❹ **小舟町**
船運要衝，大型店家與批發商建築林立，廣泛包括布料批發、書籍、印刷品與木版（印刷、版畫用）銷售，以及髮簪、化妝品、文具、五金、日用品零售。

❺ **堀江町**
團扇批發商聚集地。

❻ **照降※町**
專門販售晴、雨天用品而得名。
※ 照降：照り降り，意思晴天和雨天。

❼ **本石町**
米店毗鄰建造的區域。

❽ **瀨戶物町**
瀨戶物（陶瓷器）商人聚集的地方。

❾ **伊勢町**
伊勢商人聚集的地區。

❿ **駿河町**
駿河商人群集區域。

⓫ **鐵砲町**
從事鐵砲生產的打鐵舖密集地。

⓬ **十軒町**
人偶店林立，因雛市（雛祭供品市集）而熱鬧非凡的地區。

※本圖為已經過加工處理的人文社復刻版江戶切繪圖。原版於安政6（1859）年發行。

MEMO 東京懷舊「三越前」站地下廣場的牆面上，展示文化2（1805）年左右的日本橋～今川橋之間的大通（現為中央通）至東側俯瞰繪卷「熙代勝覽」複製品。描寫町人文化，意義深遠。

江戶創業至今的老店

眼鏡

歷經將軍家的御用鏡師職務，明治5（1872）年創業日本第一家眼鏡專門店。店裡陳列造型簡單做工精細，舊時設計的復刻商品，可委託製作。

展示江戶時代的引札（廣告傳單），與當時的單柄手拿鏡。

元和元（1615）年創業
村田眼鏡舖
電話／03-3241-1913 地址／中央區日本橋室町3-3-3 交通／東京懷舊線三越前下車步行1分鐘，JR總武線新日本橋站下車後步行3分鐘 時間10：00～19：00（週六、週日～18：00） 休假日／國定假日

從製品就能看出研磨、焊接加工等職人精湛技術。無框眼鏡86,400日圓（上）、SPM眼鏡54,000日圓（下）。

購買刀具時，店家一定會以手工方式研磨，刀具開鋒後才會交給顧客。

2016年

JR総武線／首都高速1号上野線／江戶屋 → P123／新日本橋駅／小舟町局／村田眼鏡舖／日本橋三井タワー／木屋本店／COREDO室町1／COREDO室町3／伊場仙 → P122／日本銀行本店本館／三越前駅／日本橋三越本店／日本橋三越新館／三越前駅／日本橋猿屋 → P123／半蔵門線／首都高速都心環状線／都営浅草線／東西線／銀座線／日本橋局／COREDO日本橋／日本橋駅／榛原／日本橋駅／日本橋高島屋
N 200m

刃物

江戶末期定型後傳承至今的日本傳統菜刀。刀身雕刻當時就開始採用的「井筒木（いづつき）」商標的系列產品，刀刃部位使用安來鋼，柄部套環使用水牛角，刃身研磨得光亮又鋒利。

寬政4（1792）年創業
木屋本店
電話／03-3241-0110 地址／中央區日本橋室町2-2-1 COREDO室町1F 交通／東京懷舊線三越前站共構 時間10：00～20：00 休假日／全年無休

由上往下，薄刃18公分 18,900日圓、出刃15公分 17,820日圓、正夫24公分 21,600日圓

和紙

由紙、墨、藥開始經營，以優質雁皮植物為原料的雁皮紙，因筆觸滑潤而廣受好評。目前以手刷版畫圖案的小袋、便箋及復刻代代相傳圖案的紙製品而受歡迎。

文化3（1806）年創業
榛原
電話／03-3272-3801 地址／中央區日本橋2-7-1東京日本橋塔 交通／東京懷舊線、都營淺草線日本橋站下車後步行1分鐘 時間10：00～18：00（週六、週日～17：30） 休假日／國定假日、中元節

江戶時代誕生的雁皮紙。因書寫順暢的美好感覺而深受好評。

復刻榛原聚玉文庫相傳圖案的小袋，共10種，分別為540日圓。手掌心大小的尺寸最令人激賞。

透過做工精巧的傳統物品深入了解江戶風俗

解構職人打造精巧傳統物品的歷史，就能了解江戶時的風俗與文化。

扇子‧團扇

江戶後期開始，團扇上開始描畫浮世繪，成為初代豐國、國芳、廣重作品的原版，除依據現存木版復原的浮世繪與錦繪的江戶團扇外，店裡也琳琅滿目地陳列著採用江戶傳統色彩與圖案的扇子。

大正18（1590）年創業
伊場仙

電話／03-3664-9261　地址／中央區日本橋小舟町4-1　交通／東京懷舊線三越前站下車後步行5分鐘　時間10：00～18：00（※4／1～8／30週六11：00～17：00）　休假日／週日、國定假日、8／31～3／31的週六

兩隻都鳥正在製作、販售隅田川名產櫻餅。

柿澀染的觀貳色澀扇子 定價5,500日圓。描繪「吉原つなぎ（吉原繫）」與「青海波」等江戶時代廣受喜愛的圖案。背面無圖案。

以嘲諷手法描寫江戶庶民的心境
歌川國芳「諸鳥やすうりづくし（諸鳥廉售圖）」

廉價販售各種鳥類的圖畫。「奢侈禁令」頒佈後，以擬人化手法嘲諷世局的畫作之一。

吃魚總是整條圇圇吞下的鷺鳥，販售的竟然是去骨的泥鰍鍋。

配合正反兩面 完成構圖
歌川豐國「今樣十二個月 菊月之圖」

初代豐國的團扇畫系列產品之一。農曆1月至12月，充滿季節感的描寫也很經典。

正面／從服飾種類與穿法即可看出是遊女（娼妓）。邊拿著梳子整理頭髮，邊插上象徵農曆9月的菊花。　反面／附近置放2個茶杯、火盆與煙管。可想像兩人世界生活的情景。

反面　正面

杜鵑鳥挑著初鰹叫賣。構成「目に青葉 山時鳥 初松男」俳句的基礎。

琉璃鳥賣朝顏（牽牛花）。朝顏是很適合漂亮琉璃鳥販賣的商品。

雞正在製作雞蛋餅的畫面也極盡嘲諷意味。

Check!

江戶時代的印刷技術與版木

左／構成圖畫基礎的墨版木。以細膩手法雕刻屋瓦、圍牆等線條。右／雕刻天空與河面的藍色版木。河面的藍色外側處理出暈染效果。

歌川廣重「名所江戶百景 柳しま（柳島）」
龜戶天神北上的橫十間川與北十間川交會處的柳島。橋頭有知名會席料理「橋本」，隔壁的妙見堂廣受藝人信仰。

重疊好幾片版木後完成的圖案！

毛刷‧刷子

第一代為將軍御用「刷毛師」，因此獲頒此屋號。製作方法與形狀都沒有太大改變的江戶毛刷，直到現在都是廣受喜愛的專業工具，刷毛細緻平滑，也適合當做化妝用刷具。

享保2(1718)年創業
江戶屋

電話／03-3664-5671　地址／中央區日本橋大傳馬町銀座2-16　交通／東京懷舊、都營淺草線日本橋站下車後步行1分鐘　時間9：00～17：00　休假日／週六、週日、國定假日

亦有展示文物包括大正8年的証文帳※！
取代現代的圖章，毛刷圖章需求量大增，具商標與合格意涵的圖章訂單越來越常見。

製作毛刷秉持傳統作法
以兩塊木板夾住處理成球狀的刷毛，再以機械方式夾住後進行壓縮。

將三味線的線繩穿過木板上的小孔洞，依序安裝球狀刷毛。

大傳馬町一丁目的小津線店，目前的小津和紙的前身。

化妝用刷具，廣受各年齡層顧客愛用。上／修容刷（山羊毛）4,320日圓　下／腮紅刷（馬毛）3,024日圓

※ 証文帳：登載權利、契約相關證明或訴訟相關證據的冊子。

楊枝（牙籤）

江戶名產之一的「猿屋楊枝」一直流傳到現在，作法和當時一樣，以大葉釣樟為原料，由職人們以手工方式一根一根地削成。質地柔軟富彈性的牙籤，可放入多采多姿的桐木盒裡當禮物送人。

桐木盒包裝的牙籤左／隈取　右／三番叟　定價1,026日圓（各20根）

寶永元(1704)年創業
日本橋猿屋

電話／03-5542-1905　地址／中央區日本橋室町1-12-5　交通／東京懷舊線三越前站下車後步行1分鐘　時間10：00～18：00　休假日／週六、國定假日

重現江戶時代的房楊枝
深受江戶人愛用的房楊枝（刷狀牙籤）。將柳條或竹枝等敲碎成刷子狀的牙籤。

浮世繪上描繪的江戶時代「猿屋」
江戶時代的錦繪上，描繪著當時被稱為「楊枝見世」的「猿屋」店面。據說當時的招牌上還擺放牙齒很白的猴子。

重現當時的房楊枝，展示的是以大葉釣樟嫩枝做成的房楊枝。

暖簾染上猴屋商標的「括猿」。括猿為布料加棉後做成的護符，日本人相當熟悉的吉祥物。

正面後方可看見並排著房楊枝的情形。當時，除了擺放楊枝（牙籤）外，據說也會擺放梳子或白粉等化妝小物。

下駄（木屐）、傘、雪駄（竹皮草履）店林立，俗稱照降町的商店街。因為「雨天賣傘和下駄，晴天賣雪駄」而得此暱稱。

以淺草觀音為核心的大眾文化町物語

Asakusa

淺草

成人的遊戲場所
歡樂街

大正時代的大池與淺草六區。聳立於後方的建築物為「淺草十二階」的凌雲閣。池的左側並排建造東京館、KINEMA俱樂部、江戶館、大盛館等演藝娛樂設施，聚集著各種娛樂，直到現在都還氣氛濃厚。

（圖片提供／台東區立下町風俗資料館）

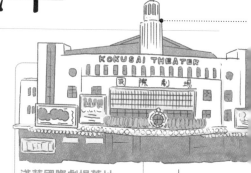

淺草國際劇場舊址

1937年開張營業時，被稱為東洋第一劇場，因松竹歌劇團的演出而熱鬧非凡。1982年停止營業後遭拆除，目前聳立著淺草豪景飯店（Asakusa View Hotel）。

凌雲閣舊址

1890年完成，總共十二個樓層的高塔，通稱「淺草十二階」。日本第一棟設置電梯的觀光名勝。1923年遭遇關東大地震半毀後拆除。

淺草是以淺草寺為中心而繁榮的城市。幕府設於江戶時，淺草寺為大都會中的神聖場所，聚集許多參拜者，周邊自然形成許多遊樂設施，淺草陸續發展成江戶最繁華熱鬧的城市。

明治6（1873）年，淺草寺院區經政府單位徵收後，闢建為「淺草公園」，公園規劃為一區至七區，六區內建造人工大水池。

西側的六區遷入江戶時代流傳下來的見世物小屋（雜耍場）等設施後形成遊樂區，成為電影院與表演場等設施林立，熱鬧非凡的大眾文化中心區域。若說六區為以男性為主，適合成人娛樂的區域，那麼，東側的淺草車站周邊和隅田川沿岸，就是適合全家人逛街購物、賞花，以及從事水上遊覽等活動而蓬勃發展的區域。淺草將繼續成為一個魅力十足，「信仰與娛樂」共存共榮的城市。

淺草花屋敷

江戶時代起就從事菊人形（以菊花、菊葉為衣裳的人偶）與見世物（雜耍）遊樂活動的「花屋敷」前身。明治年間至昭和初期還並設小規模動物園。1949 年成為樂園後營業至今。

奧山

淺草寺本堂的西側後方一帶俗稱奧山（後山）。江戶時代並排設立見世物小屋與茶屋，因特技、武術表演等街頭表演節目而漸漸地擴大規模。

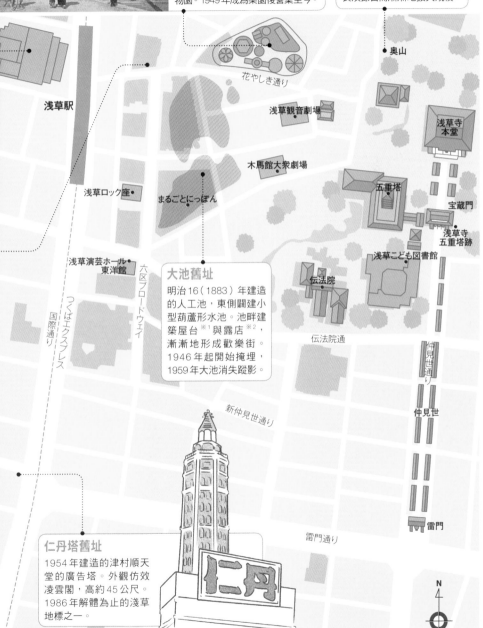

奥山

花やしき通り

浅草駅

淺草観音劇場

浅草寺
本堂

木馬館大衆劇場

五重塔

浅草ロック座

宝蔵門

まるごとにっぽん

浅草寺
五重塔跡

浅草こども図書館

浅草演芸ホール
東洋館

六区ブロードウェイ

大池舊址

明治 16（1883）年建造的人工池，東側闢建小型葫蘆形水池。池畔建築屋台※1 與露店※2，漸漸地形成歡樂街。1946 年起開始掩埋，1959 年大池消失蹤影。

伝法院

伝法院通

仲見世通り

仲見世

国際通り

つくばエクスプレス

新仲見世通り

雷門

雷門通り

仁丹塔舊址

1954 年建造的津村順天堂的廣告塔。外觀仿效凌雲閣，高約 45 公尺。1986 年解體為止的淺草地標之一。

N

※1 屋台：路邊攤種類之一，有屋頂，可移動位置營業的攤位。
※2 露店：路邊攤種類之一。在露旁或神社院區內等場所，鋪上席子或設置台子後擺放商品販售的攤位。

淺草寺本堂

德川家光獻建，1649 年建造本堂，1945 年因戰火而燒毀，目前的本堂為 1958 年重建。

淺草神社

淺草的總鎮守（守護神），奉祀三柱之神，因此曾經稱為「三社權現社」。社殿為 1649 年建造的重要文化資產。5 月舉行的三社祭是淺草神社的年度例行大祭。

二天門

江戶時代的淺草寺院區內設有東照宮，為了參拜該寺廟而建設的門。1618 年建立的重要文化資產。二天門左右設置增長天、持國天神像，原本設於寬永寺。

五重塔

宝蔵門

浅草寺
五重塔跡

浅草こども図書館

淺草寺弁天堂

聳立著弁天堂的小山丘，曾經位於水池中。鐘樓俗稱「時之鐘」，除夕夜就會敲響鐘聲。

伝法院通り

仲見世通り

仲見世

江戶時代兩側並排著 12 個支院。附近居民打掃院區即可獲准到支院屋簷下搭棚子賣東西，這就是形成商店街的由來。

馬道通り

東武スカイツリー

松屋浅草店

浅草駅

雷門

淺草寺總門，正式名稱為風雷神門。於幕末的 1865 年燒毀，目前的門為 1960 年重建。期間，雷門消失將近 95 年。

雷門通り

浅草駅

一錢蒸氣車站舊址

一錢蒸氣係指戰前為止定期在隅田川上行駛的小型客船，一個區間的船資為 1 錢，這就是名稱由來。戰後更名為水上巴士後沿用至今。

銀座線

吾妻橋

以家庭為對象！商業繁榮

昭和2（1927）年，地下鐵開始行經淺草站，昭和6年，東武鐵道的淺草雷門站（現為淺草站）也開始展開營運。淺草寺東側為肩負淺草寺正面玄關重任的區域。非常稱職地肩負起接待隅田川賞櫻、水上遊覽、百貨公司購物、飲食街享用美食等家族或觀光客的重任。

松屋淺草店

與東武鐵道淺草車站共構的租賃大樓，1931年展開營業。日本第一座屋頂設置纜車而大受歡迎的遊樂園。屋頂遊樂園於2010年停止營業。

淺草雷門大樓

昭和2年，日本第一條地下鐵銀座線開通，行駛於淺草與上野間，兩年後，與車站共構的淺草雷門大樓完成，塔屋形式的建築，大樓內餐廳裡因攜家帶眷的遊客而熱鬧紛紛（2006年解體）。

Check!

目前，1號出口依然位於此處，站體內的東京地下鐵道標誌也還存在。

- 6樓 餐廳區
- 4、5樓 一般餐廳
- 2、3樓 禁酒餐廳
- 1樓 淺草停車場
- 地下樓

隅田公園為花見（賞花）文化的發祥地

江戶時代是庶民賞花習慣落實的年代。隅田川沿岸為了補強土堤而栽種的山櫻與八重櫻盛開時，富豪等有錢人在土堤下方搭建帳棚盡情地賞花。庶民則與武士在混雜的環境中賞花，酒後經常會起衝突。

一勇齋國芳『隅田川花見』（國立國會圖書館典藏）。描繪庶民女性們開心賞花的情景。

因此，八代將軍德川吉宗下令，命武士前往小金井堤（東京都的小金井市）賞花，接著於飛鳥山（北區）栽種櫻花供庶民欣賞而成為賞櫻勝地。吉宗對於庶民賞花的事情如此慎重看待，而且認為喝酒與唱歌也無妨，因此，飛鳥山和隅田川沿岸很快地就成為庶民排憂解悶，鎮日熱鬧歡騰的休閒娛樂場所。現在的東京賞花盛事也是承襲著當時的傳統吧！

繼續進化的最先進城市

Shibuya

澀谷

東京車站再開發計畫順利展開，變化最大的是澀谷站界隈。在行經澀谷站的東京急行電鐵、ＪＲ東日本、東京懷舊三家公司的通力合作下，順利地展開的大規模開發計畫後，投下的第一顆震撼彈是2012年落成的澀谷HIKARIE。但這只不過是展開再開發計畫的序曲罷了，不久之後，三棟高樓層建築就相繼竣工啟用。東棟正好在舉辦東京奧運的2019年落成，中央棟與西棟則計畫於2027年完成，啟動的是一個非常壯大的計畫。期待政府配合都市再開發計畫進展，好好地整頓一下複雜又難懂的澀谷站動線，設法提昇使用的方便性。一起來看看將繼續進化成最尖端城市的澀谷站周邊的變遷與未來願景吧！

10年後 站前景色將大為改觀

由明治通往南的未來發展願景。再開發計畫推動後，JR轉乘東京懷舊線、東急東橫線一定會更順暢。

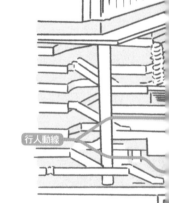

澀谷HIKARIE

建築在舊東急文化會館舊址的複合式商業設施，高182.5公尺。澀谷站開發的先鋒，2012年展開營業。

行人動線

澀谷站結構為何那麼複雜呢？

澀谷站是日本最容易迷路的車站，除了從其他地方來到東京的人容易迷路外，即便常住東京都內的人，也很難弄懂這個車站的動線吧！原因在於行經這座車站的各家鐵道公司都是陸續增建，在不同的時代加入營運。增建計畫推動前，站體內早就存在著昭和9年、昭和27年、昭和45年等不同時代的增建部分。期待再開發計畫推動後，站體設計能夠更為統一。

安藤忠雄設計的刷票口

東急東橫線、東京懷舊副都心線澀谷站，都是由建築家安藤忠雄設計，於2008年完成。被形容為浮游於「地下深處」的太空船的卵形結構，是安藤成為建築家後重新檢視過去設計的結晶，是具有神殿般挑高設計，造型非常獨特的地下空間設計作品。

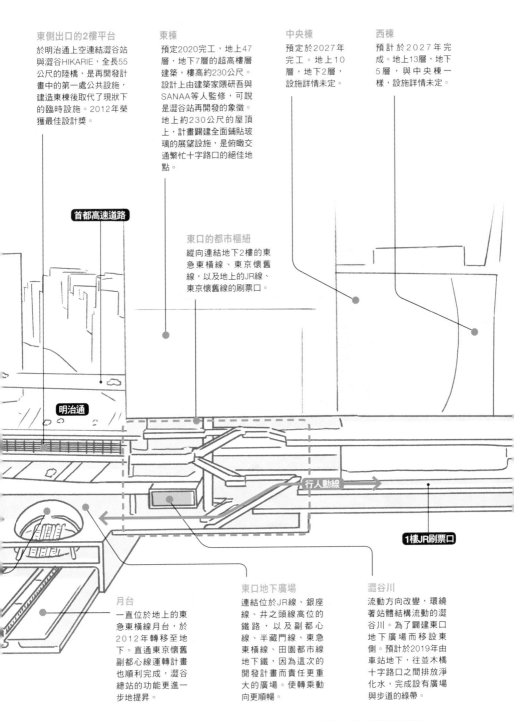

東側出口的2樓平台
於明治通上空連結澀谷站與澀谷HIKARIE，全長55公尺的陸橋，是再開發計畫中的第一處公共設施，建造東棟後取代了現狀下的臨時設施。2012年榮獲最佳設計獎。

東棟
預定2020完工，地上47層，地下7層的超高樓層建築，樓高約230公尺。設計上由建築家隈研吾與SANAA等人監修，可說是澀谷站再開發的象徵。地上約230公尺的屋頂上，計畫闢建全面鋪貼玻璃的展望設施，是俯瞰交通繁忙十字路口的絕佳地點。

中央棟
預定於2027年完工。地上10層，地下2層，設施詳情未定。

西棟
預計於2027年完成。地上13層，地下5層，與中央棟一樣，設施詳情未定。

首都高速道路

東口的都市樞紐
縱向連結地下2樓的東急東橫線、東京懷舊線，以及地上的JR線、東京懷舊線的刷票口。

明治通

行人動線

1樓JR刷票口

月台
一直位於地上的東急東橫線月台，於2012年轉移至地下。直通東京懷舊副都心線運轉計畫也順利完成，澀谷總站的功能更進一步地提昇。

東口地下廣場
連結位於JR線、銀座線、井之頭線高位的鐵路，以及副都心線、半藏門線、東急東橫線、田園都市線地下鐵，因為這次的開發計畫而責任更重大的廣場。使轉乘動向更順暢。

澀谷川
流動方向改變，環繞著站體結構流動的澀谷川。為了闢建東口地下廣場而移設東側。預計於2019年由車站地下，往並木橋十字路口之間排放淨化水，完成設有廣場與步道的綠帶。

過去～現在 從總站到年輕人的城市

昭和48（1973）年於澀谷開張營業的PARCO，是澀谷轉變成「年輕人的城市」之最大契機。

昭和54（1979）年SHIBUYA 109緊接著展開營業。

邁入平成年代後，辣妹文化風潮方興未艾，澀谷成為廣受矚目的年輕人文化訊息傳播站。

澀谷中心街

平成初期成為「辣妹」的資訊傳播站，登上『Egg』、『popteen』等雜誌版面，成為傳播流行訊息的重要據點。目前被暱稱為籃球街。

澀谷PARCO

昭和48（1973）年完成的第一號PARCO。廣泛處理年輕人的時尚創意構想，孕育出澀谷人潮，深具歷史意義的商業設施。8月起休館，澀谷PARCO的第一部與第三部，地上20層、地下3層的複合大樓改建計畫即將展開，預計於2019年完工。

SHIBUYA 109

建築家竹山實設計後完成的商業設施。109源自於大樓所有者「東急」，東急的日文發音「とうきゅう」→同「10．9」→「一．〇．九」。圓柱狀塔部位內部主要設施為電梯。

**忠犬
八公像**

澀谷最知名的相約見面地點。忠犬八公飼主為東京帝國大學教授上野英三郎，大正14（1925）年去世後，八公依然每天前往車站前等候主人而感動許多人，銅像於昭和9（1934）年完成。戰時供出金屬，目前的八公像為第二代。

東急東橫線澀谷站

2013年地下化，曾動用1,200餘人，成功地於一夜之間完成路線轉換，成為世界媒體矚目焦點的世紀大工程。

ＪＲ澀谷站

2003年剛由設計「國立競技場」的建築家隈研吾完成外裝更新計畫。隈研吾眼見澀谷街上廣告充斥的景象後，並未特別針對此進行象徵性設計，而是利用印上雲圖案的玻璃，將絕對不會隨著時代而改變的澀谷街上的天空反射在站體外裝上。

現在～未來 邁向能夠一直廣受世界矚目的城市

年輕人的城市澀谷成功地進化。包括日本最大規模的室外展望台、前往機場不必轉乘的豪華巴士總站在內的巴士總站建設等，成功地發展成以世界為對象，充滿無限魅力的觀光地。

其次，為了充實辦公環境等而以打造一座可創出次世代產業，充滿創意的城市為重點目標。

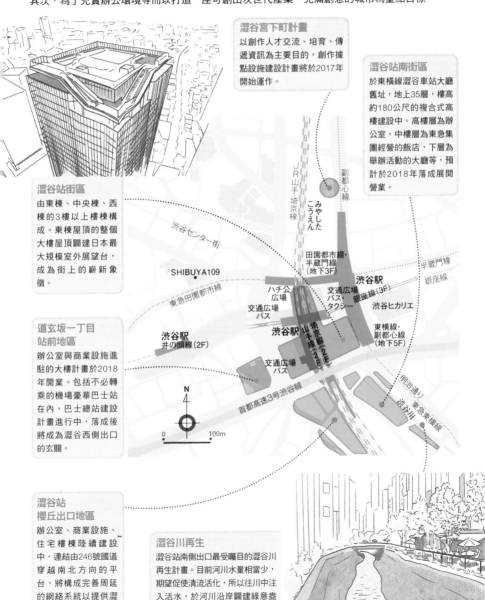

澀谷宮下町計畫
以創作人才交流、培育、傳遞資訊為主要目的，創作據點設施建設計畫將於2017年開始運作。

澀谷站南街區
於東橫線澀谷車站大廳舊址，地上35層，樓高約180公尺的複合式高樓建設中。高樓層為辦公室，中樓層為東急集團經營的飯店，下層為舉辦活動的大廳等，預計於2018年落成展開營業。

澀谷站街區
由東棟、中央棟、西棟的3樓以上樓棟構成。東棟屋頂的整個大樓屋頂闢建日本最大規模室外展望台，成為街上的嶄新象徵。

道玄坂一丁目站前地區
辦公室與商業設施進駐的大樓計畫於2018年開業。包括不必轉乘的機場豪華巴士站在內，巴士總站建設計畫進行中，落成後將成為澀谷西側出口的玄關。

澀谷站櫻丘出口地區
辦公室、商業設施、住宅樓棟陸續建設中，連結由246號國道穿越南北方向的平台，將構成完善周延的網絡系統以提供澀谷站行人使用。

澀谷川再生
澀谷站南側出口最受矚目的澀谷川再生計畫。目前河川水量相當少，期望促使清流活化，所以往川中注入活水，於河川沿岸闢建綠意盎然，長約600公尺的休閒步道。

131

變化迅速令人目不暇給的次文化訊息傳送據點

Akihabara

秋葉原

日本第一，世界知名電器街秋葉原，被俗稱為「趣都」，這是電腦、動漫、遊戲等各種趣味性商品相關行業聚集的最佳寫照。秋葉原並非國家都市計畫而形成的商店街，是隨著時代，不斷地接受不同領域的各種嗜好的人，相關店鋪陸續增加，街道風景完全改觀後自然形成。一個與丸之內、日本橋等有計劃地打造的都市截然不同的混沌空間，就是秋葉原的魅力所在。另一方面，2005年左右，車站周邊再開發計畫迅速地推動，2010年秋葉原站也重新整修，秋葉原氛圍受到這些因素的影響而漸漸消失，即便如此，從中央通進入裡通後，還是能看到銷售瘋迷商品的店家，還是能感覺到秋葉原的存在。

1990年代

"電腦"

郊外型家電量販店抬頭，秋葉原電器街的電腦相關產品的銷售額，遠遠地超過了家電。「Window 95」開賣後迅速地普及而廣為一般家庭使用，專門販售電腦的店家陸續開張營業，直到現在，可自行組裝電腦的零件銷售店等還是佔了相當大的範圍。

神田明神 卍

1980年代

"家電"

「made in Japan」價值高漲，日本家電產品廣為世人們喜愛，外國觀光客造訪秋葉原的人數開始增加。家電量販店陸續進駐，聚集追求最新型家電的家庭等成員。面向中央通的ONODEN就是秋葉原最老牌的家電量販店。

卡通遊戲店鋪與AKB劇場進駐的Don Quijote的中央通。

2009年為止一直為步行者天堂的中央通，路上經常聚集現場演唱與角色扮演，因為年輕人爭相拍攝各種活動而熱鬧非凡。2013年重新開放，但規定比過去嚴格，因此，過去榮景不再。

以10年為單位的城市轉變關鍵字

秋葉原從電子零件開始,成功地發展成為生意興隆的家電街。1990年代,Windows 95開賣後,引發電腦風潮,又成為電腦街。2000年代,聚集與電腦親和性較高的動漫、遊戲迷,又漸漸地轉型成御宅街。

由電器街逐漸轉型為御宅街,過程中登場的是女僕咖啡廳。CURE MAID CAFÉ是經營10年以上的老店。

緊接著國民偶像團體AKB,以現場演唱、大型活動為主的秋葉原系偶像非常多,甚至還有些被稱為地下偶像。

蔵前橋通り

末広町駅

2k540
AKI-OKA
ARTISAN

JR山手線・京浜東北線

東北新幹線

キュア
メイドカフェ

芳林
公園

文
昌平小

1990年代
電腦專門店錯落的地區

つくばエクスプレス

2000年代
次文化聚集的地區

中央通り

親不孝通り

ドン・キホーテ

・アニメイト

秋葉原
UDX

神田明神通り

・ソフマップ

首都高速1号・上野線

日比谷線

2010年代
再開發的地區

秋葉原
ダイビル

JR総武線

・オノデン
・ラオックス
・エディオン

1980年代
還存在著老牌家電量販店的地區

1970年代
販賣二手零件的商店較多的地區

万世橋

ヨドバシ
カメラ

秋葉原駅

秋葉原駅

マーチエキュート
神田万世橋

神田川

1980年代為止,站前的再開發區域內坐落著面積為4.95ha的神田青果(果菜)市場,新鮮蔬菜交易熱絡。

2000年代

"御宅族"

電腦普及而廣為一般人使用後,專門店需求越來越少,相對地,「ANIMATE」、「虎之穴」等大型漫畫、同人誌專門店變得很醒目。因影像化而成為話題的「電車男」風潮等,御宅文化已經成為傳送次文化訊息的根據地,不再單純為愛好者所追逐。

2010年代

"再開發"

2000年代筑波特快線開始運行,秋葉原UDX等超大型辦公大樓相繼落成,站前情景出現截然不同的大改變。2018年車站東側出口將蓋起高112公尺的高層大樓等,隨著再開發計畫的持續推動,站前景致將會出現更顯著的變化。

1970年代

"JUNK PARTS(二手零件)"

昭和51(1976)年,日本第一家微電腦店設立,販售電子儀器零件的店鋪也陸續開張。高架橋下的秋葉原收音機中心裡,直到現在都還存在專門販售電子零件與業務用照明設備的三和電器等店家,是以電子工作為興趣的人經常聚集的地方。

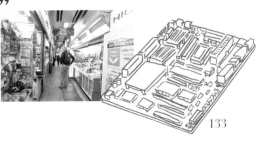

不斷地進化的秋葉原「萌美少女」

以卡通等二次元的美少女為主流「萌美少女」的舞台，因為女僕咖啡廳登場而進化為三次元，轉型成現實世界可以接觸到的對象。不再單純地從事一些餐飲服務工作，能夠展露現場表演才藝的舞台登場，秋葉原漸漸地進化成能夠和已經成為偶像的「美少女」們交流互動的街區。

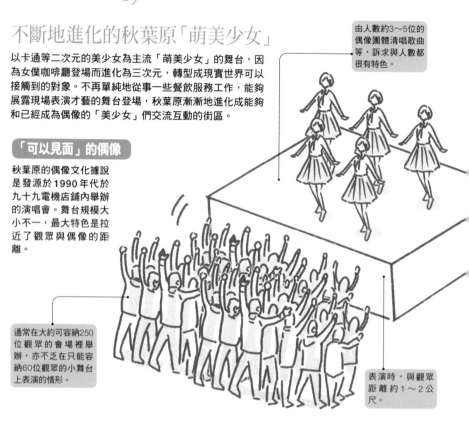

由人數約3～5位的偶像團體清唱歌曲等，訴求與人數都很有特色。

「可以見面」的偶像

秋葉原的偶像文化據說是發源於1990年代於九十九電機店鋪內舉辦的演唱會。舞台規模大小不一，最大特色是拉近了觀眾與偶像的距離。

通常在大約可容納250位觀眾的會場裡舉辦，亦不乏在只能容納60位觀眾的小舞台上表演的情形。

表演時，與觀眾距離約1～2公尺。

始祖 **女僕服**

讓人聯想起維多利亞王朝時代女僕的長裙，充滿典雅意趣。

統一穿上黑色洋裝，近似傳統大屋敷裡的女僕服飾。

圍裙上的荷葉邊較多，追加線條等，裝飾部分較多。

象徵秋葉原的服裝變化

女僕咖啡廳和偶像文化的親和性較高，近年來，不乏人氣媲美偶像的女僕。女僕服色彩越來越豐富，越來越接近偶像的服裝。

最新 **女僕服**

2000年代中期，女僕咖啡廳家數一口氣增加，引進漫畫與偶像文化後獨自進化著。

穿上白色圍裙，造型清新優雅。著重機能性，減少裝飾。

色彩繽紛的洋裝，加上緊身褲襪、及膝襪、厚底鞋等以增添變化。

秋葉原曾為「土木遺產」的寶庫！

　JR秋葉原站到御茶水站之間，還保存著明治末年至昭和初期完成的土木結構物。因為，直到戰後的高度成長期為止，神田川一直是相當具東京代表性的船運要衝，曾經坐落著中央線起點的萬世橋站，周邊是東京地區少有的繁華街區，因此架設的是品質相當好的橋樑。關東大地震災後重建計畫中，於昭和初期完成的橋樑設計精巧，當然是採用當時最新穎的技術。

松住町的陸橋

架設在秋葉原至御茶水站之間，跨越秋葉原電器街，外型非常壯觀的大鐵橋。昭和7（1932）年完成。發出震耳欲聾的聲響，總武線列車往來行駛的畫面最為壯觀。坐落在交通量較大的道路上，採用名為系桿拱橋的最尖端建築技術，因而不需要設立支柱。

萬世橋

昭和5（1930）年完成。採用當時最流行的裝飾藝術設計，完成充滿穩重氛圍的親柱而令人印象深刻。當時，萬世橋站周邊為相當繁榮的地區，因此採用了深具象徵性的設計。看起來是一座石橋，事實上是一座鋼筋混凝土結構的橋樑。

昌平橋

第一代昌平橋歷史相當悠久，架設於江戶時代的寬永年間（1624～1654），目前的昌平橋為大正12（1923）年完成。橋柱施以裝飾藝術風雕刻。跨越河川，氣勢磅礴的拱型紅磚造部分，或許是融合萬世橋站高架橋與昌平橋的設計巧思。

mAAch ecute萬世橋
（舊萬世橋站高架橋）

明治45（1912）年開始啟用，中央線起點的萬世橋站（昭和18年廢除）的高架橋與結構物再生。沿著神田川建造的紅磚造結構物絕對不可錯過。內部為商業設施，沿著河岸邊設置露台，構成相當親水的都會綠帶。

宛如現代建築的博物館

Omotesando

表參道

通往明治神宮的參道，大正8（1919）年完成建設的表參道。戰後，原本為派駐日本的美軍相關人員進駐的原宿中央公寓，很快地成為年輕創作者聚集地，發展成傳送尖端文化的根據地。綠樹成蔭的道路兩旁，品牌高樓大廈林立，每一棟大樓都是知名建築家設計。2000年代活躍於世界各國的建築家們的設計作品陸續誕生，是一條可一次看盡革命性建築的康莊大道。

明治神宮前站

曾經坐落著原宿中央公寓的場所，目前聳立著東急廣場表參道原宿。

知名建築引人注目之處

富有創意的建築物一定能深深地吸引住目光，但是到底該從哪裡看起呢？ 也經常令人無所適從，一起來檢視該留意的要點吧！

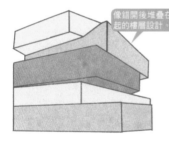

像錯開後堆疊在一起的樓層設計。

GYRE …①

竣工 2007年
設計 MVRDV＋竹中工務店

「GYRE」一詞意思為「漩渦回轉」。以內側挑高部分為主軸，每個樓層錯開後構成整棟建築。錯開部分成為平台與前往貓街（Cat Street）的通道，讓人感覺到外部連結的熱鬧氣氛。

迪奧表參道 …②

竣工 2003年
設計 SANAA

外牆為玻璃與壓克力構成的雙層結構，充滿半透明感與縱深感的設計，感覺就像柔軟的布料迎風招展，不斷地產生變化的服飾上褶子。最頂端設置迪奧的「星形」幸運圖案。

雙層構造的牆面與屋頂上的星形裝飾。

以表參道上的櫸木為設計構想的結構體。

TOD'S表參道大樓 …⑤

竣工 2004年
設計 伊藤豐雄建設設計事務所

外觀上像一棵大樹的輪廓，係以表參道兩旁的櫸木為設計構圖。最具革新性特徵的是，除表面設計外，更是支撐建築物的結構體。建地為L型，無論從哪個位置看，都能看見鋼筋混凝土打造的櫸木。

建築家DATA **MVRDV**……以荷蘭鹿特丹為活動據點的建築集團。GYRE是該集團在日本的第二件作品。 **SANAA**……妹島和世與西澤立衛的建築設計，打造金澤21世紀美術館等美術館建築的知名建築家。 **伊藤豐雄**……2013年榮獲建築界諾貝爾獎、普立茲克建築獎。代表作有御木本銀座等。 **團紀彥**……參與日本橋室町東地區再生計畫而活躍，代表作有台灣日月潭風景管理處等。

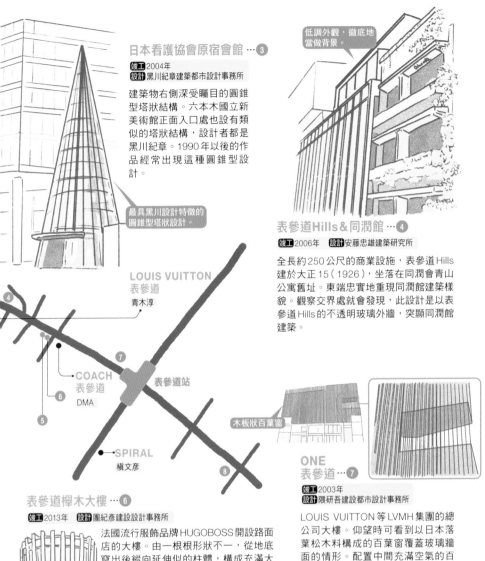

日本看護協會原宿會館 …③

竣工 2004年
設計 黑川紀章建築都市設計事務所

建築物右側深受矚目的圓錐型塔狀結構。六本木國立新美術館正面入口處也設有類似的塔狀結構，設計者都是黑川紀章。1990年以後的作品經常出現這種圓錐型設計。

最具黑川設計特徵的圓錐型塔狀設計。

低調外觀，徹底地當做背景。

LOUIS VUITTON 表參道
青木淳

COACH 表參道
DMA

SPIRAL
槇文彦

表參道Hills＆同潤館 …④

竣工 2006年　**設計** 安藤忠雄建築研究所

全長約250公尺的商業設施，表參道Hills建於大正15（1926），坐落在同潤會青山公寓舊址。東端忠實地重現同潤館建築樣貌。觀察界交處就會發現，此設計是以表參道Hills的不透明玻璃外牆，突顯同潤館建築。

木板狀百葉窗

表參道欅木大樓 …⑥

竣工 2013年　**設計** 團紀彦建設設計事務所

法國流行服飾品牌HUGOBOSS開設路面店的大樓。由一根根形狀不一，從地底竄出後縱向延伸似的柱體，構成充滿大樹般生命力的設計，與緊鄰的TOD'S表參道建築形成鮮明對比而令人印象深刻。

酷似大型聖火台的建築外觀

ONE 表參道 …⑦

竣工 2003年
設計 隈研吾建設都市設計事務所

LOUIS VUITTON等LVMH集團的總公司大樓。仰望時可看到以日本落葉松木料構成的百葉窗覆蓋玻璃牆面的情形。配置中間充滿空氣的百葉窗，使整棟建築充滿存在感又不會顯得太沈重。

PRADA BOUTIQUE青山店 …⑧

竣工 2003年
設計 Herzog & de Meuron

以具厚度的菱形玻璃堆疊而成，宛如巨大水晶的漂亮外觀。將呈現凹、凸、平面狀態的三種玻璃鑲入菱形格狀結構裡。

3種形狀的菱形玻璃

黑川紀章（1934～2007）……建築家，同時也是思想家。代表作有福井縣立恐龍博物館等。　**安藤忠雄**……自學建築的知名建築師，代表作有光之教會、21_21 DESIGN SIGHT等。　**隈研吾**……以使用自然素材，充滿「和」意象的設計為特徵。代表作有新國立競技場等。　**Herzog & de Meuron**……瑞士出身的建築家。代表作有MIIU MIU青山店等。

從黑市開始發展，歷史悠久的商店街

Ameyoko

阿美橫町

上野阿美橫町是日本東京的最後一座黑市。昭和20年代初期以甜品最受歡迎，尤其是以芋頭為原料的飴（糖果，讀音 AME）最暢銷，因而又稱「飴橫町」。昭和25（1950）年韓戰爆發，巧克力、洋酒、衣著等美國貨流入日本的數量大增，又被稱為「美國橫町」。直到現在都還聚集500多家面積平均約4坪的零售小店，形成一座迷宮般商店街，買氣旺盛，還散發著濃濃的戰後黑市氛圍。

依然散發著黑市氛圍的小巷弄

招牌看板、廣告旗幟逼近路面，商品排到店門外的小巷弄，縮短了人與人之間的距離，從雜亂卻充滿能量的景致，還是能感覺出戰後黑市的活絡氣氛。

雜亂無章，突出路面的招牌看板，吸引目光，讓人抬頭看以放慢腳步。

巨大遮陽棚遮擋住天空，增加小巷弄一體感。另一方面，完全敞開店鋪，走在小巷弄裡，店裡情形看得一清二楚。

店鋪多到讓人覺得怎麼逛也逛不完，讓人懷著挖寶的心情，充滿著期待感。

排到店門外的商品與大洋傘都讓人放慢了腳步。

阿美橫町逛街購物

宛如一座迂迴曲折迷宮的商店街，街區裡還是有販賣相同商品的店家聚集的區域。一起來了解商店街的整體狀況吧！

素有魚屋橫町之稱，魚店大量聚集的街區。繼續往御徒町車站方向前進，就來到蔬果店和販賣乾貨的食材店。中氣十足的叫賣聲，區域內有不少可暢快殺價的店鋪。

上野中通為路面較寬，比較方便行走的街道。這是池田屋鞋店與ＡＢＣMart本店等鞋類專門店聚集，店門口擺滿鞋類商品的街區。每家店的商品特徵都不一樣。

被稱為海苔屋通，海苔批發商聚集的區域。目前，即便是販售其他商品的店鋪，抬頭看建築物上部，依然能看到海苔屋的招牌。

↑ 上野站

從魚屋橫町進入高架橋下後，即進入舶來品店林立的街區，狹小空間裡並排開著美式休閒服飾用品店，其中還夾雜掛著台灣料理店燈籠，充滿異國風情的街區。

正確說法，從魚屋橫町到御徒町站這段街道才叫做阿美橫町通。

上野御徒町站 ←

從御徒町站邁入高架橋下，就來到專門販售進口化妝品店鋪聚集的區域。來到這個區域還能買到有折扣的部分日本品牌商品。面積不大的店鋪，化妝品類商品卻堆積如山。

運動休閒商品較多的區域。

御徒町站

花街氛圍依然濃厚的巷弄與街道

Kagurazaka

神樂坂

寬永年代，德川家康推動的都市計畫，打造了神樂坂通，保留町人地，配置武家屋敷與寺院，陸續完成逢坂與庚嶺坂建設，奠定了坂街的架構。直到現在都還保留著當時的區劃原貌，與神樂坂優雅風貌息息相關。

　　目前，神樂坂是熱鬧花街之一，還有20多位藝人積極地從事著各種活動，同時也是夏目漱石與尾崎紅葉等文豪喜愛的地方。即便建築物變新穎，區域內依然充滿懷舊氛圍，或許是不變的坂與巷弄裡深深地烙印著時代的記憶吧！

與過去風景重疊的坂與小巷弄

神樂坂裡至今還保存著充滿各種佳話的坂與小巷弄。一起來逛逛依然保有當時風光的街區，領略一下舊時的氣氛吧！

袖摺坂

街道寬度狹窄到擦肩而過時袖子會相互摩擦而得名。坡道蜿蜒狹窄，取名為鰻坂等，遍佈因形狀而得名的坡道。直到現在，坡道都還很狹窄，造訪時還能深深地感覺出當時風景。

逢坂

名稱源自於奈良時代的悲戀傳說。以武藏國國司身分赴任的男子，與漂亮姑娘邂逅後，成為感情如膠似漆的愛侶，男子回鄉後死去，姑娘卻在這個地方與男子靈魂相會。原本範圍相當大且單純，故稱為「大坂」的坂。

兵庫橫町

路面鋪貼小方塊石材的道路，黑板圍牆林立的「和可菜旅館」前小巷道，神樂町風情最濃厚的路段。由圍牆與綠樹區隔的空間裡，以密集建造而不斷地延伸的建築物，營造出古色古香，舒適怡人的氛圍。

和可菜旅館創立於昭和29（1954）年。廣為日本相當具代表性的作家與劇作家喜愛，用於創作出許多知名作品的旅館。

熱海湯階梯

由神樂坂通往熱海溫泉所在地小栗橫町的階梯。過去，藝妓們在熱海湯泡過熱呼呼的溫泉化妝打扮漂亮後，會經由這座階梯，前往晚宴場合，因此又被稱為「藝妓小道」。

藝者（藝妓）新道是明治年代鋪設的小巷道，藝妓們經常行走的捷徑。

神樂坂通り

大久保通り

牛込神樂坂站

飯田橋站

外堀通り

七福神之一，祭祀毘沙門天王的善國寺。日本人相當熟悉的神樂坂象徵。

庚嶺坂

又稱「幽靈坂」、「行人坂」、「新坂」等，名稱較多且相當知名的地方。江戶初期栽種梅林，名稱源自中國梅花名勝「大庚嶺」。因為大白天還是很陰暗，因此大多被稱為「幽靈坂」，或許是梅林很茂盛蒼翠的關係。

懷舊又嶄新迷人的空間

Tokyo Guard 下

東京高架橋下

充滿懷舊氛圍，因為很特別而吸引人的高架橋下風光。以吊掛著紅燈籠，飄出烤雞香氣的餐飲店為首，改裝得非常有特色的店鋪，甚至作為住家、倉庫、停車空間，用途非常廣泛的設施。

這裡為何架設高架橋呢？高架橋的誕生與鐵道歷史息息相關。自大正3（1914）年，東京車站落成啟用後，各路線都朝著該站延伸。但附近是住宅相當密集的地區，蒸氣火車無法噴出火星，冒著大量黑煙地在市區行駛，因此採用了高架式。明治後期至大正年間，鐵路高架化快速進展，高架橋下空間陸續地被當成不動產物件出租等，店鋪與住家等陸續進駐後，繼續延伸發展成現在的高架橋下狀態。

目前，耐震補強工程與再開發計畫持續進行，再過幾年或許就再也看不到這裡的獨特風景了。

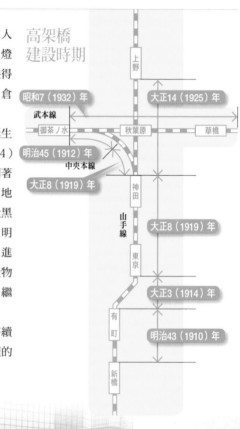

高架橋
建設時期

昭和7（1932）年
大正14（1925）年

武本線
御茶ノ水　　秋葉原　　草橋

明治45（1912）年
中央本線

大正8（1919）年

神田

大正8（1919）年

山手線

東京

大正3（1914）年

有町

明治43（1910）年

新橋

由萬世橋延伸至御茶水站的萬世橋高架橋

新橋～上野路段的高架橋下散步

一起來逛逛明治43（1910）年至大正14（1925）年間建造歷史悠久的高架橋下吧！看看山手線周邊，依然保存著戰後樣貌的地區、漸漸地轉型成嶄新景點的地區，高架橋下人潮匯聚的景象。

右側牆面上貼著充滿懷舊氣氛的巴士站與昭和明星的海報。

有樂町廣場

距離有樂町不遠處，位於晴海通前方，重現昭和懷舊氛圍的餐飲街，其中不乏24小時營業的店，從大白天就開始聚集人潮，非常熱鬧的街區。

桌椅一直排到通道上，成功地炒熱高架橋下獨特氣氛。

從有樂町朝著新橋方面前進，越過晴海通即可到達的街區。圖右的「登運TON」為創業60年的內臟燒烤店，從白天就坐滿喝酒的人而熱鬧紛紛。圖左的「富士」也是主打內臟燒烤的店家。

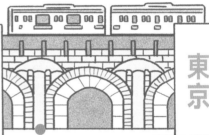

新橋　有樂町　東京

INTERNATIONAL ARCADE

位於高架橋下裡側的店鋪群。昭和29（1964）年，配合東京奧運，以外國觀光客為主要對象而誕生。目前營業店鋪稀少而大鐵門緊閉的區域。

相較於神田～御茶水之間路段，東京～新橋之間的拱型結構較大，底下的店鋪空間也比較寬敞。

德國技師打造，日本最古老的高架橋。紅磚表面泛黑，原本就燒成黑色當做裝飾，並不是附著髒物。

漂亮的拱型結構之間留下鑲嵌過Medallion（浮雕狀銘板）的痕跡。

上野東京線行駛的高架橋下，此路段至車站為止，都是飲食店並排開設，能夠近距離接觸神田的街區。

mAAch ecute 神田万世橋

御茶水站至神田站之間路段，坐落著曾為總站，相當繁華的萬世橋站。昭和18（1943）年卸下總站的任務，闢建為鐵道博物館，2003年蛻變成並設咖啡店與各種店鋪的mAAch ecute 神田万世橋。

中央本

今川小路

東京與神田之間路段，依然保存著戰後風貌的高架橋下橫町。正式名稱為高幅橋高架橋，一點也看不出是位於東京都內的蛋黃區，曾為多部戲劇拍攝地點。

昭和7（1932）年完成高架橋建設的淺草橋站周邊地區，相較於其他路段，歷史不算悠久，卻被譽為高架橋下迷的聖地。突出於半空中的車站月台、完全吻合高架橋拱型結構的民宅等建築結構，都很值得仔細地瞧瞧。

2k540 AKI-OKA ARTISAN

秋葉原～御徒町之間路段的高架橋下重整後，成為肩負世代傳承重任的創作人才聚集的店鋪兼工作室林立的區域。共有50餘家店鋪兼工作室進駐，2k540為東京車站至該路段的距離。

設計時以橋墩為列柱的內部狀況。以白色為基調，空間明亮，一點也看不出是位於高架橋下。

御茶水

總武本線

秋葉原

總武本線

上野

阿美橫町高架橋下

由上野車站出發，穿過阿美橫町的拱廊後繼續往前走，於第一個轉角處左轉，就是小酒店聚集的路段。便宜、味美又很早就營業，可盡情地享受高架橋下居酒屋氣氛的地方。

中式烤雞等採用複合式經營，桌子排到店門外，白天也擠滿顧客而熱鬧滾滾的路段。

淺草橋

昭和25（1950）年創業的「大統領」，是不遠千里而來的老饕們一定造訪的上野知名居酒屋。最知名的招牌菜為燉馬內臟。

老店的暖簾上常見的「江戶前」，顧名思義，就是指「江戶前的近海」，狹義意思則稱呼連結舊江戶川河口與多摩川河口的北側海域，後來轉稱於該海域捕撈的海鮮類。當時，東京灣是都市與稻田的流水匯流，形成淺灘，富含養分的絕佳漁場。落語「芝濱」就曾出現過芝魚市場，也許是周邊就是小漁船靠岸後卸貨處的關係吧！

「江戶前」難分軒輊的兩大美食──壽司‧蒲燒

　　隨著時代的演進，地區越來越繁榮，壽司可說是最具外食式速食代表性的食物。目前最普遍食用的「握壽司」始祖，是花屋與兵衛於文政（1818～1830）初期開在本所橫綱町的壽司店。江戶近海是很適合製作壽司的魚類食材寶庫。做壽司時使用的是以醋醃漬入味的斑鰶、竹莢魚，以及隅田川河口捕撈的銀魚。鰻魚、蛤蜊是以俗稱「Tsume」醬汁熬煮出甘甜味道，事先完成前處理作業的最基本壽司用料。邁入現代後，東京灣的漁業規模縮小，「江戶前」要素成功地轉型，調味與樣式等手工部分精緻程度提昇之後傳承下來。

　　壽司的最大敵手就是蒲燒鰻，鰻魚為淡水魚，淡水魚領域對於「江戶前」漁場的定義也不同，是用於稱呼神田川和隅田川的下游與深川一帶，將利根川等近郊運送過來的鰻魚稱為「旅鰻」，做出明顯的區別。當初，勞動者的精力來源為做成串燒的鰻魚，不久後就將鰻魚擺在白飯上，稱為「鰻飯」，精心調配醬汁的專門店曾幾何時已經成為歷史悠久的老店。

　　除了鰻魚外，還有鱸魚、櫻花蝦炸物，花蛤佃煮與深川飯，以近海捕撈的海鮮為素材的江戶名產非常多。現在，東京飲食文化能夠這麼成熟，與德川家康定都東京灣的入江有必然的關係，一想到這一點，對於東京的興趣一定更加濃厚。

何謂最具東京米飯代表性的「江戶前」？

傍晚時分來到高輪，邊乘涼邊等待月亮升起的人們。圖中上方描畫的就是東京灣，也就是「江戶前」的海景。右前方描畫掛著「壽司」招牌的屋台（路邊攤），木桶裡並排著握壽司。（東都名所高輪廿六夜待遊興之圖）歌川廣重畫／神奈川縣歷史博物館典藏）

第 5 章

從可以體驗到江戶人瀟灑豪邁氣概的傳統祭典，到各季節的慶典活動，
能夠近距離地欣賞東京的歲時記。

東京
行事曆

瀟灑豪邁、熱血澎湃的江戶人！

Tokyo matsuri(Tokyo Festival)

東京的祭典

| **1**月 | **2**月 | **3**月 | **4**月 | **5**月 | **6**月 |

1月8日
爆竹節（藏前·鳥越神社）
送年神的儀式。焚燒過年裝飾以祈求平安健康、吉祥如意。

1月上旬
出初式※1（東京國際展示場）

2月11日
板橋的田遊
（板橋·北野神社）
農曆新年祈求五穀豐收與子孫滿堂。目前已認定為國家重要無形民俗文化資產。

4月中旬的週六
流鏑馬※2
（淺草·隅田公園）

3月3日～4日
達摩市集（調布·深大寺）

3月第2週日
火渡祭（高尾山·藥王院）

5月8日前後的週五、週六、週日
下谷神社大祭（東上野·下谷神社）

5月15日左右的週六、週日
神田祭（神田·神田明神）

5月17日、18日左右的週五、週六、週日
三社祭（淺草·淺草神社）

6月7日～17日
山王祭
（永田町·日枝神社）

6月30日
茅の輪くぐり（過茅輪）
（藏前·鳥越神社等）

正月（新年）

門松

大門口設置門松以指引年神降臨。

將3根竹子綁成束，底下插上松枝為關東地區作法。

捆上草蓆

注連繩

袪除汙穢不淨，讓地方成為神聖場所，因此通常裝飾於玄關正面。

將注連繩形成環狀，底下垂掛「玉飾」為關東地區作法。

❶ 橙※3
祈求代代繁榮昌盛。

❷ 交讓木的葉子
交讓木俗稱親子草，祈求多子多孫、人丁興旺。

❸ 裡白
祈求懷著沒有正反的清淨心情幸福快樂地度日。

❹ 昆布
祈求「喜ぶ（よろこんぶ）平安喜樂」、「子生（こぶ）多子多孫」等。

❺ 四手（紙垂）
重疊和紙後摺疊，再剪成一定形狀。

夏越の祓（越夏祓禊）

在相當於一年過了一半的6月30日舉行，祓除半年的厄運與不淨，祈求下半年平安喜樂。東京大神宮與神田明神等都會舉行的儀式。

茅の輪くぐり（過茅輪）

茅草綁成束後紮成環狀，鑽過環狀部位以祈求平安健康的儀式。

設置在神社院區內或拜殿前。

先往左轉、再往右轉，描繪8字型似地穿越茅草圈，通常繞3次。

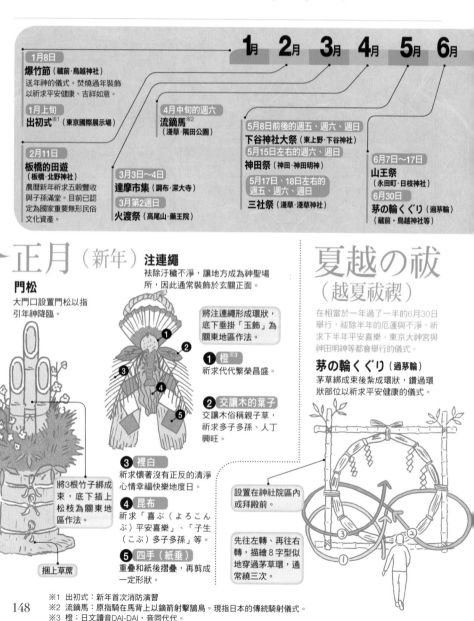

※1 出初式：新年首次消防演習
※2 流鏑馬：原指騎在馬背上以鏑箭射擊鵠鳥。現指日本的傳統騎射儀式。
※3 橙：日文讀音DAI-DAI，音同代代。

從江戶時代一直傳承至今的傳統祭典，直到現在都還在東京繼續傳承著。東京可以看到其他地方看不到的獨特祭典文化，包括近年來應運而生的新面孔，將於本單元中一併介紹，針對自古以來日本各地都會舉行，只要在東京就能體驗到的，深具代表性的季節慶典活動進行解說，對於東京與關東特有的習俗也會有相關介紹。

※本單元中的祭典舉辦時程等記載，皆為歷年或2015年資訊，相關資訊可能變更，欲知詳情請透過各單位的HP等搜尋。祭典由來與習俗可能有不同的說法。

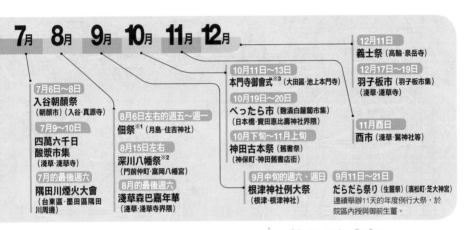

7月 **8月** **9月** **10月** **11月** **12月**

12月11日
義士祭（高輪·泉岳寺）

10月11日～13日
本門寺御會式※3（大田區·池上本門寺）

12月17日～19日
羽子板市（羽子板市集）
（淺草·淺草寺）

7月6日～8日
入谷朝顏祭
（朝顏市）（入谷·真源寺）

10月19日～20日
べったら市（麴漬白蘿蔔市集）
（日本橋·寶田惠比壽神社界隈）

7月9日～10日
四萬六千日酸漿市集
（淺草·淺草寺）

8月6日左右的週五～週一
佃祭※1（月島·住吉神社）

10月下旬～11月上旬
神田古本祭（舊書祭）
（神保町·神田舊書店街）

11月酉日
酉市（淺草·鷲神社等）

7月的最後週六
隅田川煙火大會
（台東區·墨田區隅田川周邊）

8月15日左右
深川八幡祭※2
（門前仲町·富岡八幡宮）

9月中旬的週六、週日
根津神社例大祭
（根津·根津神社）

9月11日～21日
だらだら祭り（生薑祭）（濱松町·芝大神宮）
連續舉辦11天的年度例行大祭，於院區內授與御前生薑。

8月的最後週六
淺草森巴嘉年華
（淺草·淺草寺界隈）

七夕

中國自古流傳的「星星傳說」，祈求裁縫手藝進步的「乞巧奠」風俗傳入日本後，結合日本的「棚機女（織女）」風俗。以東京阿佐谷與河童橋本通舉行的祭典最有名。

短冊與七夕裝飾

❶ 紙衣（人偶）
紙做的和服。祈求裁縫手藝精湛，生活富足，不必為穿衣煩惱。

❷ 短冊
寫上心願後掛在竹枝上。

❸ 巾著（錢包）
祈求財運亨通，生意興隆。

❹ 吹流
祈求裁縫手藝精進。

❺ 投網
祈求漁獲大豐收與財運。

❻ 摺紙鶴
祈求家人長命百歲的長壽象徵。

御盆節（中元節）

正式名稱為「盂蘭盆會」，迎接返家的祖先或故人之靈，懷著感恩的心情祭拜供養的祭祀活動。通常，東京都內於7月13日～16日，地區則於8月13日～16日舉行。

迎火、送火

通常，東京於7月13日傍晚點燃「迎火」，迎接祖先之靈，16日傍晚點燃「送火」，送祖先們離開。在家門前或玄關前燃燒麻桿（剝掉外皮的麻莖）。

將麻莖擺在素燒淺土鍋或焙烙裡乾燥成麻桿，折斷後架起來燃燒。

燃燒後，以千屈菜的花沾水，灑在麻桿上至火完全熄滅為止。

※1 佃祭：東京3年舉辦一次的主大祭，會有獅子頭神社與宮神轎（八角神轎）出巡遶境。　※2 深川八幡祭：江戶三大祭典之一，富岡八幡宮年度祭典，神轎齊聚進行聯合遶境。　※3 日蓮聖人聖誕祭典，池上本門寺為日蓮聖人圓寂地，御會式已舉辦730年，最精采部分為活動中的萬燈練供養，以長桿吊掛照明以祈求死者冥福。

149

為下町帶來初夏訊息的東京最具代表性祭典

Sanja Matsuri(Sanja Festival)

三社祭

三社祭的主要儀式

三社祭時程表
※依據2015年時程製表

前日
19:00 ● 迎接本社神輿神靈的儀式
（淺草神社神靈移駕本社神輿的儀式）

第一天
13:00 ● 大遊行
（囃子屋台※1、鳶頭木遣※2、びんざさら舞（編樾）、手古舞※3、白鷺之舞等）
14:20 ● 敬獻編木舞
（淺草神社・社殿）
15:00 ● 敬獻編木舞
（淺草神社・神樂殿）
15:30 ● 恭迎各町神輿神靈儀式
（神靈移駕各町會神輿儀式）

第二天
10:00 ● 例行大祭典禮儀式
12:00 ● 町內神輿聯合渡御（出巡遶境）
（淺草44個町百餘座町內神輿出巡遶境）
16:00 ● 奉納舞踊（神樂殿）
17:00 ● 巫女舞奉奏（神樂殿）

第三天
6:00〜 ● 出宮
（3座本社神輿出巡遶境各町會）
14:00 ● 巫女舞奉奏（神樂殿）
15:00 ● 奉納舞踊
19:00 ● 本社神輿入宮
21:00左右 ● 本社神輿聖駕回鑾儀式
（神靈移駕本社神輿，返回本殿儀式）

手古舞
當地藝妓挽男人髮髻，做男裝打扮，背上揹著花笠，手拿鐵棒，搧動著描繪著牡丹花的黑骨扇，邊唱著木遣歌，邊邁步遊行。江戶祭祀儀式中可炒熱氣氛的舞蹈。神樂殿奉納活動也會跳手古舞。

※1 囃子屋台：表演樂器與舞蹈的攤位
※2 鳶頭木遣：資深消防人員唱誦滾運木材歌
※3 白鷺之舞：白鷺裝扮的遊行隊伍

びんざさら舞（編木舞）
びんざさら漢字寫作「拍板」、「編木」，田樂樂器之一。手拿108片木板串成的樂器，邊跳舞、邊雙手伸縮擊樂器以發出「刷啦刷啦」聲響。已經指定為東京都無形文化資產。

宮出、宮入
於町內神輿駕臨後的第二天舉行，三社祭進入最高潮階段。3座本社神輿分成三條路線，出巡遶境44個町，傍晚時分，回到高掛著燈籠、燈火通明的寺社院區。

依據淺草寺起源相關記載，距今1300年前，某日，靠漁撈維生的檜前濱成、竹成兄弟於宮戶川（隅田川）下網捕魚時，發現魚網中撈到一尊神像，經當時的鄉土文化人士師真中知辨識，認定那是觀音聖像而安置於堂上。後來，土師及檜前兄弟三人被尊為三社權現而奉祀，就是淺草神社的起源。三社祭依據這三社的神話，於正和元（1312）年舉辦船祭時，開始展開淺草神社的例大祭，訂於5月17日、18日左右的週五、週六、週日舉行。這是列入江戶三大祭，充滿下町初夏風情的祭典。

本社的3座神輿

三社祭活動中，淺草神社的3座神輿就會出巡遶境町內。祭祀前夜舉行本社神輿神靈移駕儀式，土師真中知命移駕「一之宮」，檜前濱成命移駕「二之宮」，檜前竹成命移駕「三之宮」。過去原本還有「四之宮」，已於戰爭時期燒毀。

三之宮　一之宮　二之宮

鳳凰
本社神輿頂端的裝飾，一之宮為鳳凰，二之宮、三之宮為擬寶珠（洋蔥型裝飾）。

參加祭典時的帥氣俏皮穿著打扮

負責扛神輿的人身上都會披穿各町會的祥纏，底下穿著鯉口衫（窄袖口防髒衣物）、腹掛（圍裙）、股引（合身長褲）。以江戶時代職人所穿工作服為原型，具方便活動與保護身體作用的服飾。

野筋
神輿屋頂上的稜線部位。

屋根紋
通常為一面一紋，比較特殊的是一面有兩個以上屋根紋。本社神輿有5個紋。

小鳥（鳳凰）

蕨手
設置在神輿屋頂四角的蕨形裝飾。

飾紐

瓔珞
從前指印度的裝飾品，現在指閃亮的裝飾品。

台輪紋（三綱）

祥纏
激烈的祭典活動中不幸發生事故時容易抓握的形狀。

手拭巾

鯉口衫
高空作業或消防人員等江戶職人的基本穿著。

腹掛（圍裙）
設有大口袋更方便。

腰帶

股引（合身長褲）

夾腳襪
可能看到沒穿夾腳襪的人。

草鞋

雪駄
表面黏貼皮革，具備防水機能的草鞋。

三社祭起源的船渡御

三社祭的原型為船隻載著神輿繞行河川的「船渡御」。當時不像現在直接由本社神輿進行渡御，而是由船隻載著本社神輿，從現在的淺草橋附近，朝著隅田川上游行駛，渡御（出巡遶境）至駒形後上岸，再將神輿抬回淺草神社。

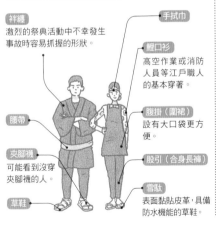
本社神輿出宮前取下裝飾，以紅、白兩色棉布捲繞神輿主體的情形。神輿劇烈晃動，捲繞棉布是避免神輿損壞的保護措施。

江戶時代傳承至今，祈求開運、生意興隆的祭典

酉市

- 松竹梅
- 大判小判（大小銀幣）
- 阿多福面具
- 大入袋（客滿獎金袋）
- 龜
- 鯛
- 米俵

其他裝飾如升、招財貓、鶴、稻穗、千兩箱、搭乘寶船的七福神等。

「酉市」的起源

酉市據說起源於目前的足立區花畑的「大鷲神社」，是當時附近農民為了感謝守護當地的「鷲大明神」而舉行的豐收祭典（起源眾說紛紜）。

熊手為何成為吉祥物？

酉市最出名的吉祥物為熊手。熊手是意味「帶來」好運、「招來」福氣等，祈求開運招福、生意興隆，最具江戶人瀟灑豪邁個性象徵的吉祥物。裝飾物品包括寶船、鶴龜、大小判等具吉祥象徵的小物。

使用熊手要注意的事

其一
一開始先選購小一點的熊手，隔年再買大一點的熊手。

其二
帶著前一年的熊手前往可幫忙去穢除淨的地方。熊手使用過一整年後，必須請神社方面幫忙除淨。

其三
熊手請回家後必須朝上高高掛起。裝飾時也必須熊手朝上，儘量掛於高處。

「三酉」年容易發生火災？

吉原※就在淺草「鷲神社」、「酉寺長國寺」不遠處，為了避免男人假藉酉市名義，涉足聲色場所而不顧家庭，當地女性聲稱三酉容易發生火災。這種說法也是起源之一。此外，剛天黑就聽到雞叫聲，從雞冠顏色聯想到火災，發生火災的說法眾說紛紜。

※吉原：江戶時代設於郊外的日本史上第一個合法風化區

每年11月的酉日舉行，祈求開運招福、生意興隆的慶典活動，江戶時代一直流傳到現在的年中盛事，別名「御酉樣」。各地「鷲神社」或「大鳥神社」，淺草的「酉寺」（鷲在山長國寺）都會舉行，關東地區相當獨特的慶典活動。江戶時代定為迎接新年後的第一個祭典，當時又稱「酉町」、「酉祭」。邁入11月後的第一個酉日稱「一酉」，第二個稱「二酉」，第三個稱「三酉」，各酉間隔12天。

聰明的熊手買法

「因為象徵吉祥，所以想買，但對於價錢完全沒概念，不知道該怎麼買才好」，有這種煩惱的人想必不少，接下來就透過圖解，為初次購買熊手的您提供一些小訣竅吧！購買的人也必須具備的常識，一定要牢牢記住喔！

1 逛逛神社附近以決定購買的商品

從1,000日圓左右的小熊手，到動輒數萬元的精品，熊手種類非常多，建議先確定今年的預算，邊逛神社附近，邊仔細地選購。

2 邊討價還價、邊決定價錢

發現喜歡的商品後，開始與熊手店家談價錢。先說出稍微低於自己預算的金額，然後輕鬆愉快地跟對方討價還價。以前的人有一個不成文的習俗，購買熊手殺價後，就把降價部分當做紅包留在店裡。

3 交易成立後做拍手動作以示成交

交易成立後，站在店中央，打開熊手，旁邊圍繞熊手店家，做出拍手動作，大聲歡呼「家戶平安」、「生意興隆」等，購買熊手後別忘了說聲「謝謝」，向對方表達謝意喔！

4 高舉熊手

明年再到酉市之前的這一整年，都能福氣滿滿，買好熊手後，懷著這種心情，熊手面向前方，高高地舉著熊手回家吧！每年都向同一個店家購買熊手時，有些店家會幫忙顧客插上入山（以江戶文字寫上顧客姓名的牌子）。

熊手買回家後該擺在哪裡當裝飾呢？

家裡設有神龕時，可用於裝飾神龕。未設置神龕的人，可擺在容易招財納福的玄關處，將吉祥物朝著入口，擺在稍微高一點的地方。擺在玄關以外地方時，可將正面朝著南、東、西方，擺在室內高一點的場所。擺放時應避免正面朝著北方。

逛逛酉市購買象徵吉祥的物品

從酉市討得吉利後，回家途中還可逛逛廟會市集。既然都已經出門了……，江戶時代的酉市因此而大受歡迎。不妨找一些象徵吉祥的禮物帶回家，可能買到現在一般店家很少在賣的珍貴禮物喔！

頭芋（唐芋）

江戶時代稱唐芋為「頭芋」，據說吃了之後頭腦會變聰明，頭芋是象徵財運亨通、步步高昇的吉祥物。從前，頭芋都是插在小竹枝上販賣。

黃金餅、切山椒

從前的人稱粟餅為「黃金餅」，據說吃了就會變成有錢人，江戶末期開始，稱為「切山椒」糕點取代了黃金餅而大受歡迎。切山椒是散發著山椒清新香氣，味道素樸，吃起來帶著淡淡甜味的糕點。

隅田川的兩國橋下開始的東京煙火大會

fireworks festival

煙火大會

「江戶名勝圖繪 兩國橋」歌川廣重
（國立國會圖書館典藏）

源自於軍事用「狼煙」，日本第一次施放煙火（煙火）是慶長18（1613）年，地點為駿府城。據說德川家康曾欣賞過英國獻給江戶的煙火。江戶庶民則是從享保18（1733）「隅田川兩國橋下」施放煙火後才開始欣賞煙火。當時是在超渡前一年饑荒、疫病的犧牲者與祈求驅散惡靈的水神祭時施放。後來，在河川旁舉辦初日煙火成為慣例，代代相傳演變成目前的「隅田川煙火大會」。

煙火玉的大小

煙火玉（煙火球）大小是依尺貫法的寸（1寸約3.3公分）為基準。直徑3寸稱3號球，1尺稱10號球，3尺稱30號球，30號球擊發後，高度可高達600公尺，直徑550公分。

30

275m

600m

333m

東京鐵塔

「TA-MAYA-」「KA-GIYA-」的歡呼聲

隅田川兩國橋下施放的煙火，因為名叫「鍵屋」的煙火師精湛施放技巧而一夕爆紅。鍵屋的第七代分家成立「玉屋」後，隔著兩國橋，玉屋於上游施放，鍵屋於下游施放煙火，結果演變成雙方相互較勁的態勢。從歡呼聲就能感覺出當時的盛況。

精采絕倫！ 煙火的種類

煙火師施放的煙火可大致分成「高空煙火」與「花式煙火」。高空煙火的發射高度因球內結構而大不同，花式煙火變化完全透過電腦程式控制。

高空煙火

割物

最具代表性的割物煙火為菊花和牡丹花。煙火球爆開後迅速地描繪出渾圓美麗的火花。花朵中有花芯，中央有同心球時稱芯入。

半割物（小割物）

爆裂火藥量比割物少，但比ポカ物多，冠菊、椰子樹等都屬於半割物。煙火球內包裹小火球的千輪菊等都屬於小割物。

ポカ物（分砲）

煙火球發出砰然巨響後裂成兩半，由球中噴出光珠與花樣，往四面八方散開，出現蜜蜂、飛遊星等動作的煙火。

昇り曲（響尾蛇煙火）

升空途中迸開小花或發出聲響，上升過程中也很值得欣賞的煙火。還有加了「響笛」而會發出嗶聲的煙火。

花式煙火

框物（字幕煙火）

配合組裝在地面上的圖案，設置火藥筒後，以煙火描繪出文字或圖畫。

回轉物（旋轉煙火）

模仿車輪等，竹筒等裝入大量煙火，靠火藥燃燒的離心力旋轉，江戶時代起就很常見的花式煙火。

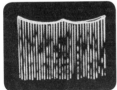

張物（瀑布煙火）

於高處拉繩索等，以相同距離在繩索上安裝煙火，再以速燃導火線連接的煙火。最具代表性煙火為「尼加拉瀑布」、「富士山」等。

水中煙火（水上煙火）

於海灣內或湖泊等地方施放，讓煙火浮在水面上、由氣艇上直接投入、由架設著煙火台的船上施放等，施放方式豐富多元。

浮世繪上描繪的兩國煙火

描寫兩國煙火大會的浮世繪非常多，描繪的都是人在船上欣賞煙火的情景。享受搭船遊江賞煙火是非常奢侈的娛樂，只有家境富裕的武士家族或町民才有能力享受。另一方面，待在河岸邊與橋上欣賞煙火的是庶民。一手拿著團扇或扇子，抬頭仰望夜空的樣子，不管過去或現在都沒兩樣。

浴衣（棉布和服）畫著朝顏（牽牛花），可感覺出季節感。遊江時搭乘的納涼船，通常都是有屋頂的船。
「江戶自慢三十六興 兩國大煙火」、歌川廣重、歌川豐國（國立國會圖書館典藏）

155

東京人心靈的故鄉、最基本的盆舞樂曲

Tokyo Ondo

東京音頭

西條八十作詞，中山晉平作曲，東京出身的人從小就很熟悉的盆舞音樂。昭和7（1932）年以『丸之內音頭』曲目製作，於日比谷公園的盆舞大會中發表。歌詞中納入丸之內、數寄屋橋等地名，隔年改歌名、修改歌詞，製作唱片。上野、銀座、隅田等充滿東京風情的地名登場。

「東京音頭」的舞蹈動作

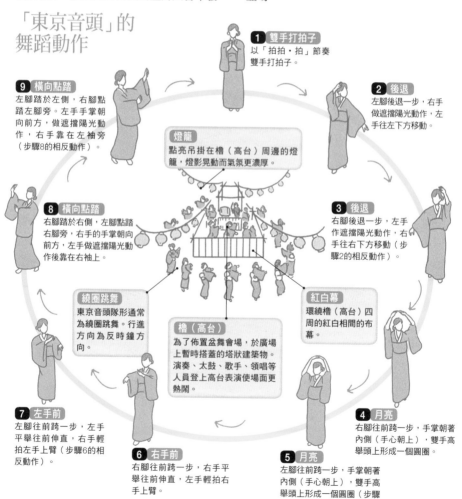

1 雙手打拍子
以「拍拍・拍」節奏雙手打拍子。

2 後退
左腳後退一步，右手做遮擋陽光動作，左手往左下方移動。

3 後退
右腳後退一步，左手作遮擋陽光動作，右手往右下方移動（步驟2的相反動作）。

4 月亮
右腳往前跨一步，手掌朝著內側（手心朝上），雙手高舉頭上形成一個圓圈。

5 月亮
左腳往前跨一步，手掌朝著內側（手心朝上），雙手高舉頭上形成一個圓圈（步驟4的相反動作）。

6 右手前
右腳往前跨一步，右手平舉往前伸直，左手輕拍右手上臂。

7 左手前
左腳往前跨一步，左手平舉往前伸直，右手輕拍左手上臂（步驟6的相反動作）。

8 橫向點踏
右腳踏於右側，左腳點踏右腳旁，右手的手掌朝向前方，左手做遮擋陽光動作後靠在右袖上。

9 橫向點踏
左腳踏於左側，右腳點踏左腳旁。左手手掌朝向前方，做遮擋陽光動作，右手靠在左袖旁（步驟8的相反動作）。

燈籠
點亮吊掛在櫓（高台）周邊的燈籠，燈影晃動而氣氛更濃厚。

繞圈跳舞
東京音頭隊形通常為繞圈跳舞。行進方向為反時鐘方向。

櫓（高台）
為了佈置盆舞會場，於廣場上暫時搭蓋的塔狀建築物。演奏、太鼓、歌手、領唱等人員登上高台表演使場面更熱鬧。

紅白幕
環繞櫓（高台）四周的紅白相間的布幕。

江戶時代傳承至今的消防技術！

hashigo nori

梯子乘

初春時節東京最經典的年度盛事「東京消防出初式」，最主要活動為「梯子乘（梯上表演）」。梯子乘表演起源於江戶時代肩負消防重任，作業時必須使用梯子的消防人員訓練活動，共表演3項48種技巧，過程中只靠12支消防鉤支撐梯子。自町火消（町內消防機構）誕生以來，這項傳統技術已經傳承300多年。

※ 袢纏：和服種類之一，狀似羽織的外掛（短外套）。

Check!

梯子乘人員的必要裝備

消防用長鉤（鳶口）
六尺（1.8公尺）8支，八尺（2.5公尺）4支，共使用12支長鉤，由12個人支撐梯子。

袢纏※
消防隊員的制服。支部消防組的任務袢纏為腰部有數條白線以示區別（奇數區為直線，偶數區為波浪狀線條）。背部印上組名，衣襟描畫職務，肩上有紅線者表示指導階級。

梯子
長6.5公尺，由15支甲（可踩腳的橫木）構成橫棧。

纏
町火消誕生後納入的消防組旗幟，後來稱為纏旗，再演變成目前的型態。

真竿
高約2.4公尺，重約20kg。

馬簾
紙製或皮革製細長型裝飾，共加上48條。黑色橫線條數表示區數。

梯子乘技巧

江戶消防紀念會傳承的梯子乘技巧為48種，以下介紹具代表性，很值得一看的6種技巧！

一本遠見（梯頂技巧）
源自於瞭望遠處火災現場的動作。右腳搭繞梯子後鉤住，左腳伸直，邊張開左手，邊以右手做出遮擋陽光看清狀況的動作。

肝つぶし（梯中途技巧）
腰部由梯子頂端之間下降至第一支橫棧位置時，同時打開雙腳。降低上半身後，雙手置於胸前，拍手後雙手打開。

枕邯鄲（梯頂技巧）
源自中國故事「邯鄲夢枕」。以腹部中心頂住梯頂部位，再以右手腕與上臂搭繞左右的梯頂部位外側，頭部朝向側正面，左手與雙腳同時伸直。

膝掛（梯中途技巧）
由梯子頂端往下算起，左腳跟鉤住第6支橫棧的角上部位，右腳伸入第3與第4支橫棧之間，彎曲膝蓋後，將腳跟靠在第4支橫棧的左側角上部位。右膝蓋與腳跟確實支撐後，反轉上半身。

鯱（梯頂技巧）
名稱源自於天守閣屋頂的 。右肩靠在梯子內側，彎曲雙膝狀態下倒立後，雙腳分別伸直，然後雙腳併攏，做打開與合腳動作。

橫向大字型（繩圈技巧）
右腳套上繩圈，左腳跨過底下的2支橫棧後踩穩，上半身朝著左側，雙腳打開，拍手後，雙手完全打開。

英數

- 21_21 DESIGN SIGHT — P119
- AQUA PARK品川水族館 — P91
- BEER HALL LION 銀座七丁目店 — P115
- 碎片 No.5（東京中城） — P119
- KITTE — P111
- MAMAN（六本木新城） — P118

一～五劃

- 三社祭 — P150
- 三菱一號館 — P68、P112
- 三愛夢想中心 — P114
- 丸之內 — P110
- 六本木 — P116
- 六義園 — P44
- 日比谷公園 — P46
- 日本民藝館 — P82
- 日本銀行總行 — P68
- 日本橋 — P120
- 日本橋高島屋 — P52
- 日本橋猿屋 — P123
- 尼古拉斯·海耶克中心 — P115
- 木屋本店 — P121

五～十劃

- 伊場仙 — P122
- 江戶東京博物館 — P70、P84
- 江戶屋 — P123
- 羽田機場（東京國際機場） — P58
- 妙夢（東京中城） — P119
- 村田眼鏡舖 — P121
- 酉市 — P152
- 兩國國技館 — P100
- 和光 — P114
- 岡本太郎紀念館 — P80
- 明治生命館 — P113
- 明治神宮 — P32
- 東京大學本鄉校園 — P48
- 東京中央郵局 — P69
- 東京車站 — P12
- 東京音頭 — P156
- 東京國立博物館 — P74
- 東京都廳 — P30
- 東京晴空塔 — P22
- 東京鐵塔 — P26

十～十五劃

- 國立代代木競技場 — P70
- 國立西洋美術館 — P78
- 國立科學博物館 — P86
- 國立新美術館 — P118
- 國會議事堂 — P20
- 彩虹橋 — P62
- 梯子乘 — P157
- 淺草 — P124
- 煙火大會 — P154
- 都電荒川線 — P54
- 陽光水族館 — P88
- 隅田川 — P64
- 墨田水族館 — P90
- 意心歸（東京中城） — P119
- 新宿末廣亭 — P104
- 榛原 — P121
- 歌舞伎座 — P96
- 銀座 — P110
- 數寄屋橋交番 — P114

表參道 — P136
迎賓館赤坂離宮 — P36
阿美橫町 — P138
皇居 — P16
秋葉原 — P132
神樂坂 — P140
高尾山 — P66

十五劃以上

- 澀谷 — P128
- 築地本願寺 — P69
- 舊岩崎宅邸 — P40

Map & Index

159

TITLE

放大鏡下的日本城市慢旅　東京圖鑑

出版	瑞昇文化事業股份有限公司
編著	JTB Publishing, Inc.
譯者	林麗秀

總編輯	郭湘齡
責任編輯	莊薇熙
文字編輯	黃美玉　黃思婷
美術編輯	朱哲宏
排版	執筆者設計工作室
製版	明宏彩色照相股份有限公司
印刷	桂林彩色印刷股份有限公司

法律顧問	經兆國際法律事務所　黃沛聲律師

戶名	瑞昇文化事業股份有限公司
劃撥帳號	19598343
地址	新北市中和區景平路464巷2弄1-4號
電話	(02)2945-3191
傳真	(02)2945-3190
網址	www.rising-books.com.tw
Mail	resing@ms34.hinet.net

初版日期	2017年3月
定價	380元

國家圖書館出版品預行編目資料

放大鏡下的日本城市慢旅 東京圖鑑 /
JTB Publishing, Inc.編著 ; 林麗秀譯.
-- 初版. -- 新北市 : 瑞昇文化, 2017.03
160　面 ; 14.8 X 21　公分
ISBN 978-986-401-160-5(平裝)

1.旅遊 2.日本東京都

731.72609　　　　　　　106002976

※本書掲載の地図は国土地理院発行の1万分の1、2万5千分の1、5万分の1地形図を調整したものです。
日本版原書名：ニッポンを解剖する！東京図鑑
日本版發行人：秋田　守